1 文章・段落・文 ①

1章 文法 言葉のまとまり

月　日

ここ大事！

★「文章」…全体である内容を表す一つの[illegible]

「段落」…行がかわり、初めの一字が[illegible]

「文」…最後に「。」（句点）がつく。

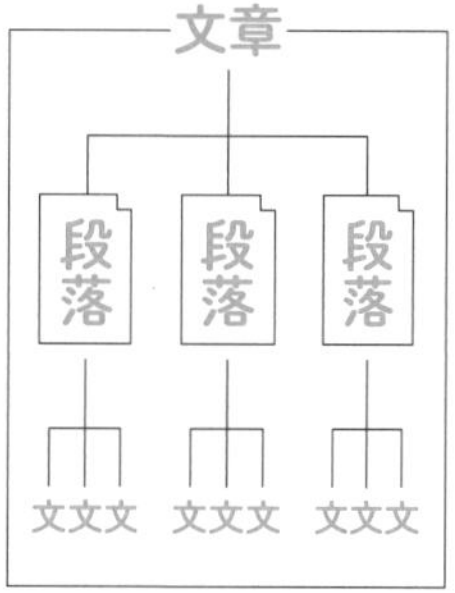

「文」が集まり「段落」に、「段落」が集まり「文章」になるよ。

やってみよう

1 次の①〜③の〔　〕には、ア文章、イ段落、ウ文のうち、どれがあてはまりますか。記号で答えましょう。

①〔　　　〕

かつては、日本の有名な観光地が外国人に人気だった。たとえば、神社、寺、城などを訪ねて日本の歴史や伝統文化に触《ふ》れる旅が好まれた。

しかし、最近は、ふつうの田舎《いなか》も人気だ。田畑、川、星のきれいな夜空、静けさ、人々の生活などに、魅力《みりょく》を見いだす。自国とは異なる様子に、驚《おどろ》きや楽しさを感じるらしい。

あたり前の田舎の暮らしが外国人をひきつけている。この事実をしっかり受け止め、私たちも日本の価値を見直したい。

②〔　　　〕

③〔　　　〕

解答➜P.113

3問中　　問

何問できた？

2 文章・段落・文②

1章　文法　言葉のまとまり

月　日

ここ大事！

★「文」は「。」（句点）の他にも「？」（疑問符）や「！」（感嘆符）で区切ることがある。

例
・今朝は何時に起きましたか？
・このケーキ、とてもおいしいね！

1 次の文章を読んで、あとの問いに答えましょう。

犬のしっぽの様子から、さまざまな気持ちが読み取れます。

上向きで左右に振《ふ》っているとき、うれしさや親しみを表しています。

下向きで体の内側に丸めているとき、犬は不安や恐怖《きょうふ》を感じています。

散歩中にほかの犬に出会ったときは、心の中でこのように言っているのかもしれません。君はどこからやって来たの？　会えてうれしいよ！


　しっぽのほかにも、耳の位置、姿勢、ほえ方、表情などで、犬は自分の感情を表しています。気をつけて見てみましょう。

(1) 右の文章は、いくつの文からできていますか。文の数を漢数字で答えましょう。

〔　　〕つ

(2) 右の文章は、いくつの段落からできていますか。各段落の初めの三字を書きぬき、段落の数を漢数字で答えましょう。

段落〔　　　／　　　〕

数〔　　〕つ

3問中　　問

何問できた？

解答➜P.113

3 文節・単語

月　日

ここ大事！

★「文」は「文節」に、「文節」は「単語」に分けられる。

私	は	友達	と	話す。
単語	単語	単語	単語	単語
文節		文節		文節
文				

「単語」が、言葉の最も小さな単位だよ。

やってみよう

1 言葉の単位を大きいほうから順に並べます。〔　〕に、文節・単語のうち、あてはまる言葉を書き入れましょう。

・文章 ― 段落 ― 文 ― 〔　　〕 ― 〔　　〕

2 次の①②は、文をア文節、イ単語のうちのどちらに分けたものですか。記号で答えましょう。

(1) 庭に赤い花が咲《さ》く。

① 庭／に／赤い／花／が／咲く。〔　〕

② 庭に／赤い／花が／咲く。〔　〕

(2) かばが口を大きく開ける。

① かばが／口を／大きく／開ける。〔　〕

② かば／が／口／を／大きく／開ける。〔　〕

(3) 父と公園まで散歩をする。

① 父／と／公園／まで／散歩／を／する。〔　〕

② 父と／公園まで／散歩を／する。〔　〕

解答➔P.113

4問中　　問

何問できた？

4 文節の分け方①

1章 文法 言葉のまとまり

月　日

ここ大事！

★「文節」の切れ目 ＝ 「ネ」「サ」「ヨ」を入れられるところ。

例 ・ぼくは<ネ 公園の<ネ 池の<ネ 周りを<ネ 走った。<ヨ

やってみよう

1 次の文に、例のように「ネ」を入れて文節に分けましょう。（　）は文節の数です。

例 猫《ねこ》が<ネ 窓辺で<ネ あくびを<ネ した。<ネ（4）

(1) 姉はテニス部のキャプテンだ。（3）

(2) パンダは竹やささを食べる。（4）

(3) 水そうの中に熱帯魚がいる。（4）

(4) 今年の夏は去年より暑い。（4）

2 次の文の文節の区切り方として正しいほうを選び、記号で答えましょう。

(1) 母が夕食の準備をする。

ア 母／が／夕食／の／準備／を／する。

イ 母が／夕食の／準備を／する。

〔　　〕

(2) 私は図書館で資料を探した。

ア 私は／図書館で／資料を／探した。

イ 私／は／図書館／で／資料／を／探した。

〔　　〕

6問中　　問

何問できた？

解答 ➜ P.113

5 文節の分け方②

1章 文法 言葉のまとまり

月　日

1

次の文の文節の切れ目に「／」を入れましょう。（　）は文節の数です。

(1) 今朝の風はさわやかだ。（3）

(2) 父が車を洗う。（3）

(3) 誕《たん》生《じょう》日《び》のプレゼントを選ぶ。（3）

(4) この料理はとてもおいしい。（4）

2

次の文の文節の切れ目に「／」を入れましょう。

(1) 花だんのチューリップが咲《さ》く。

(2) 兄が友達と野球をする。

(3) その問題はぼくには難しい。

(4) ぼくはおばあさんに席をゆずる。

解答 ➔ P.113

8問中　　問

何問できた？

6 文節の分け方③

1章 文法 言葉のまとまり

ここ大事！

★ **複合語は、一文節！**

例 ・子供が／広場で／走り回る。

★ **「〜て〜」「〜で〜」の形の言葉は、二文節！**

例 ・お祝いに／ケーキを／買って／おく。
・いとこは／九州に／住んで／いる。

「複合語」は、二つ以上の言葉が結びついて、一つの意味を表す言葉だよ。

月　日

やってみよう

1 次の文の文節の切れ目に「／」を入れましょう。（　）は文節の数です。

(1) 赤ちゃんが急に泣き出す。（3）

(2) 友達の意見を聞いてみる。（4）

(3) 弟がご飯を食べ終わる。（3）

(4) 母は本を読んでいる。（4）

2 次の文の文節の区切り方として正しいほうを選び、記号で答えましょう。

(1) 犬がおどろいて飛び上がる。

ア 犬が／おどろいて／飛び／上がる。

イ 犬が／おどろいて／飛び上がる。

〔　　〕

(2) 父は七時に帰ってくる。

ア 父は／七時に／帰って／くる。

イ 父は／七時に／帰ってくる。

〔　　〕

何問できた？　6問中　　問

解答➔P.113

7 単語の分け方①

1章 文法 言葉のまとまり

月　日

ここ大事！

★〈単語の分け方〉

① 文を文節に分ける
↓
② 文節を単語に分ける

例 ・妹が手をふる。

妹	が	手	を	ふる。
単語	単語	単語	単語	単語
文節		文節		文節

やってみよう

1 次の文の単語の区切り方として正しいほうを選び、記号で答えましょう。

(1) ぼくの好きな色は青だ。
ア ぼくの／好きな／色は／青だ。
イ ぼく／の／好きな／色／は／青／だ。
〔　　〕

(2) 私は弟に算数を教える。
ア 私／は／弟／に／算数／を／教える。
イ 私は／弟に／算数を／教える。
〔　　〕

2 次の文を例のように単語に分けましょう。(　)は単語の数です。

例 駅／で／友達／を／待つ。(5)

(1) コップにジュースを注ぐ。(5)

(2) 家の外はまだ暗い。(6)

(3) 目的地へ自転車で行く。(5)

何問できた？　5問中　　問

解答 ➔ P.113

8 単語の分け方②

月　日

ここ大事！

★複合語は、一文節＝一単語！

例 ・話し出す→一単語

★「〜て〜」「〜で〜」の形の言葉は、「〜／て（で）／〜」の三単語！

例 ・話し／て／いる→三単語　・読ん／で／もらう→三単語

やってみよう

1 一単語であるほうを選び、記号で答えましょう。

(1) ア 注意する　イ 注意をする 〔　　〕

(2) ア 書いて直す　イ 書き直す 〔　　〕

(3) ア 使ってみる　イ 使い続ける 〔　　〕

(4) ア 考えこむ　イ 考えておく 〔　　〕

2 次の文の単語の切れ目に「／」を入れましょう。

(1) 公園で幼児が遊ぶ。

(2) 母に絵本を読んでもらう。

(3) 彼《かれ》の発表はいつもすばらしい。

(4) 重い荷物を一人で運んでくる。

(5) 理科の実験の記録を書いておく。

何問できた？　9問中　　問

解答→P.113

1章　文法　言葉のまとまり

9 確認問題1

うでだめし　やってみよう

表裏10分!

月　日

1 次の文章を読んで、あとの問いに答えましょう。

青空に、白く細長い線のような雲を見たことはありませんか？

これは「飛行機雲」です。飛行機が飛んで行った後に残る雲です。この雲が空に長く残っているときは、空気が湿《しめ》っています。そのため、雨が降りやすいと言われています。

このように、雲の形や状態を観察することで、私たちも天気を予測することができるのです。

(1) 右の文章は、いくつの文からできていますか。文の数を漢数字で答えなさい。 [8点]

（　　　つ）

(2) 右の文章は、いくつの段落からできていますか。各段落の初めの三字を書きぬき、段落の数を漢数字で答えなさい。 [各5点×4問]

段落（　　　）（　　　）（　　　）

数（　　　つ）

2 次の①②は、文をア文節、イ単語のうちのどちらに分けたものですか。記号で答えましょう。 [各8点×2問]

(1) 有名な絵画を美術館で見る。

① 有名な／絵画を／美術館で／見る。（　　）

② 有名な／絵画／を／美術館／で／見る。（　　）

(2) 厳しい冬がようやく終わる。

① 厳しい／冬が／ようやく／終わる。（　　）

② 厳しい／冬／が／ようやく／終わる。（　　）

次ページに続くよ

前ページの続きだよ

3

次の文から文節と単語の区切り方として正しいものを選び、記号で答えましょう。

［各8点×2問］

(1)
ア　父は海外へ／出張に／行く。
イ　父は／海外へ／出張に／行く。
ウ　父／は／海外／へ／出張／に／行く。

文節〔　　〕　単語〔　　〕

(2)
ア　教室の／ごみを／捨てておく。
イ　教室の／ごみを／捨てて／おく。
ウ　教室／の／ごみ／を／捨て／て／おく。

文節〔　　〕　単語〔　　〕

4

次の文の文節と単語の切れ目に「／」を入れましょう。

［各10点×4問］

(1)
(文節)クラスの全員で相談をする。
(単語)クラスの全員で相談をする。

(2)
(文節)商店街で果物と野菜を買う。
(単語)商店街で果物と野菜を買う。

(3)
(文節)水平線に大きな夕日が沈《しず》む。
(単語)水平線に大きな夕日が沈む。

(4)
(文節)今日のできごとを日記に書いておく。
(単語)今日のできごとを日記に書いておく。

10 主・述の関係①

1章 文法 文の成分

月　日

ここ大事！

★「主・述の関係」…「主語」と「述語」の結びつき。

主語
何(だれ)が

↓

述語
① どうする
② どんなだ
③ 何だ
④ ある・いる・ない

例
① 星が 光る。
② 波が おだやかだ。
③ あれが 富士山だ。
④ 木が ある。

主語には「〜が」だけじゃなくて「〜は」「〜も」などもつくよ。

やってみよう

1 次の文の主語（――線部）と述語（══線部）の結びつきは、あとのどの型にあたりますか。記号で答えましょう。

(1) 夕焼けが きれいだ。 水が 冷たい。 ［　　］

(2) 自転車が ある。 消しゴムが ない。 ［　　］

(3) 小鳥が さえずる。 子供たちが 集まる。 ［　　］

(4) 私は 中学生だ。 あなたも 仲間だ。 ［　　］

ア 何(だれ)が―どうする

イ 何(だれ)が―どんなだ

ウ 何(だれ)が―何だ

エ 何(だれ)が―ある・いる・ない

何問できた？

4問中　　問

解答 ➜ P.114

11 主・述の関係②

1章 文法 文の成分

月　日

1 次の文について、例のように、主語の文節に――線を、述語の文節に＝＝線を引きましょう。

例 川辺で 父は 魚を つる。

(1) 向こうの 大きな 建物が 市役所だ。

(2) 彼《かれ》が わが校の 生徒会長に ふさわしい。

(3) 私たちの 班は 自動車工場を 見学する。

(4) 会場には 観客が たくさん いる。

2 次の文の主語と述語をそれぞれ一文節で書きぬきましょう。

(1) 友達が 私に 手紙を くれた。

主語〔　　〕 述語〔　　〕

(2) 雨上がりの 空に 虹《にじ》が かかる。

主語〔　　〕 述語〔　　〕

(3) プールは 公園の 奥《おく》に ある。

主語〔　　〕 述語〔　　〕

(4) 彼女《かのじょ》の 明るい 笑顔《えがお》は まぶしい。

主語〔　　〕 述語〔　　〕

何問できた？

12問中　　問

解答➔P.114

12 修飾・被修飾の関係①

1章 文法 文の成分

月　日

ここ大事！

★「修飾語《しゅうしょくご》」（他の文節を詳《くわ》しく説明する文節）→「被《ひ》修飾語」（修飾される文節）

① どんな　例 黒い（どんな）→ スカートを　はく。

② だれの・何の　例 私の（だれの）→ ノートが　ない。

③ 何を　例 彼《かれ》は　約束を（何を）→ 守る　人だ。

④ どのように　例 話を　静かに（どのように）→ 聞く。

⑤ どのくらい　例 今日は　とても（どのくらい）→ 暑い　日だ。

修飾語はふつう、被修飾語より前にあるよ！

やってみよう

1 次の～～線部（修飾語）が修飾している文節（被修飾語）を書きぬきましょう。

(1) 大きな　白い　帽子《ぼうし》を　かぶる。　（　　）

(2) 今日は　昨日より　少しだけ　暖かい。　（　　）

(3) ぼくの　父は　厳しい　人だ。　（　　）

(4) 植物に　水を　たっぷり　やる。　（　　）

(5) 姉は　はなやかな　ワンピースを　着る。　（　　）

何問できた？

5問中　　問

解答➔P.114

13 修飾・被修飾の関係②

1章 文法 文の成分

月　日

1

次の文について、例のように、――線部（被修《ひ》修《しゅう》飾《しょく》語《ご》）の文節を詳《くわ》しく説明している文節（修飾語）に、〰〰線を引きましょう。

例 妹の　部屋に　ぬいぐるみが　ある。

(1) 強い　日差しから　目を　守る。

(2) 全校の　生徒に　アンケートを　配る。

(3) 親切な　少年は　にっこり　ほほえんだ。

(4) クラスの　伴《ばん》奏《そう》者が　ピアノを　ひく。

2

次の文について、例のように、〰〰線部（修飾語）が詳しく説明している文節（被修飾語）を書きぬきましょう。

（修飾語）　（被修飾語）

例 好きな　音楽を　聞く。　好きな → 〔音楽を〕

(1) 参加者が　ずいぶん　集まる。　ずいぶん → 〔　　〕

(2) 友達と　映画を　見た。　映画を → 〔　　〕

(3) 弟が　すなおに　答える。　すなおに → 〔　　〕

(4) 数学の　問題に　なやむ。　数学の → 〔　　〕

何問できた？

8問中　　問

解答 ➔ P.115

14 修飾・被修飾の関係③

1章 文法 文の成分

月 日

ここ大事！

★修飾語《しゅうしょくご》は二種類！

① 連体修飾語…体言（物の名前や事がらを表す言葉）をふくむ文節を修飾する。

例 今日も 強い 風が（体言） ふく。

② 連用修飾語…用言（動作や状態を表す言葉）をふくむ文節を修飾する。

例 花が とても 美しい（用言）。

やってみよう

1 次の――線部の修飾語が連体修飾語ならア、連用修飾語ならイを書きましょう。

(1) 冷たい 麦茶を（体言） 飲む。 [　]

(2) 決勝戦を まもなく 始める（用言）。 [　]

(3) きらきらと 宝石が 輝《かがや》く。 [　]

(4) ぼくの 感想を 言う。 [　]

2 次の文について、～～線①・②が修飾している文節を書きぬきましょう。

(1) 自分の① 部屋を きれいに② かたづける。

① [　] ② [　]

(2) 生徒が 先生の① 話を 熱心に② 聞く。

① [　] ② [　]

何問できた？ 8問中 問

解答 ➔ P.115

15 接続の関係①

1章 文法 文の成分

ここ大事！

★「接続語」…前後の文や文節をつないで、その関係を表す文節。

例

・晴れた。だから、出かけた。
（だから：接続語／接続の関係）

・晴れたので、出かけた。
（晴れたので：接続語／接続の関係）

「晴れたので」は、「晴れた。」＋「だから」の意味なので、前に文や文節がなくても「接続語」なんだよ！

月　日

やってみよう

1 次の文から接続語をさがして、書きぬきましょう。

(1) 失敗した。けれど、くじけない。
〔　　　　〕

(2) 背のびすると、届きそうだ。
〔　　　　〕

(3) 静かなので、集中できる。
〔　　　　〕

(4) がんばったが、相手に勝てなかった。
〔　　　　〕

(5) 暗かった。だから、急いで帰宅した。
〔　　　　〕

(6) 道をたずねた。すると、到着《とうちゃく》できた。
〔　　　　〕

何問できた？

6問中　　問

解答 → P.115

1章　文法　文の成分

16 接続の関係②

月　日

ここ大事！

★接続語は、「逆接」「理由」「条件」などを表す。

（逆接）走ったが、バスに乗れなかった。
（理由）走ったので、バスに乗れた。
（条件）走れば、バスに乗れるだろう。

「走ったが」は、「走った。」＋「しかし」の意味なんだね。

やってみよう

1 次の文を二つに分けるとしたら、□にはどんな接続語が入りますか。あとから選び、記号で答えましょう。

(1) 迷ったので、友達に相談した。
↓ 迷った。□、友達に相談した。　〔　　〕

(2) 困ったが、最後まであきらめなかった。
↓ 困った。□、最後まであきらめなかった。　〔　　〕

(3) 運動すると、あせをかく。
↓ 運動する。□、あせをかく。　〔　　〕

ア すると　イ だから　ウ しかし

2 次の二つの文を、一つの文に書き換《か》えます。□にあてはまる接続語を書きましょう。

(1) 頭が痛い。だから、薬を飲む。
↓ □、薬を飲む。　〔　　〕

(2) 努力した。しかし、試合には勝てなかった。
↓ □、試合には勝てなかった。　〔　　〕

何問できた？　5問中　　問

解答 → P.115

17 独立の関係

ここ大事！

★「独立語」…他の文節と直接関係なく、独立している文節。

独立語
- ① 感動
- ② 呼びかけ
- ③ 応答
- ④ 挨拶《あいさつ》
- ⑤ 提示

例
- まあ、みごとね。
- ねえ、行きましょうよ。
- はい、了解《りょうかい》しました。
- さようなら、またね。
- 優勝、これが目標だ。

①〜⑤の例のように、独立語は文の初めにあって、「、」(読点)が付いているよ。

月　日

やってみよう

1

次の文から独立語をさがして書きぬき、その種類をあとから選んで、記号で答えましょう。

(1) おお、すばらしい　作品だ。

(2) こんにちは、元気そうですね。

(3) もしもし、少し　よろしいですか。

(4) ナイチンゲール、彼女《かのじょ》は　偉大《いだい》だ。

(5) うん、よく　わかった。

	独立語	種類
(1)		
(2)		
(3)		
(4)		
(5)		

ア 感動　イ 呼びかけ　ウ 応答　エ 挨拶　オ 提示

何問できた？

10問中　　問

解答 ➔ P.115

1章 文法 文の成分

18 確認問題2

うでだめしやってみよう

表裏10分!

月 日

1

次の文の主語と述語をそれぞれ一文節で書きぬきましょう。 [各6点×3問]

(1) ビルの 明かりが ほとんど 消える。

主語［　　］ 述語［　　］

(2) 本は 机の 上には ない。

主語［　　］ 述語［　　］

(3) 父の 作る カレーは おいしい。

主語［　　］ 述語［　　］

2

次の――線部の修飾語《しゅうしょくご》が連体修飾語ならア、連用修飾語ならイを書きましょう。 [各4点×5問]

(1) 宿題を 早めに すませる。 ［　　］

(2) 暖かい 部屋で 休む。 ［　　］

(3) 彼の 命令に 従う。 ［　　］

(4) ずいぶん 難しい 話だ。 ［　　］

(5) 標識が はっきり 見えた。 ［　　］

次ページに続くよ

前ページの続きだよ

3

次の文から接続語を書きぬき、その接続語が示す関係をあとから選んで、記号で答えましょう。

［各8点×4問］

(1) 植えると、 三日で 発芽した。
(2) 呼んだが、 返事は なかった。
(3) 雨降りだった。 しかし、 外出した。
(4) つかれたので、 ちょっと 立ち止まった。

ア 逆接　イ 理由　ウ 条件

	接続語	関係
(1)		
(2)		
(3)		
(4)		

4

次の文から独立語を書きぬき、その種類をあとから選んで、記号で答えましょう。
［各6点×5問］

(1) いや、 ぼくには できません。
(2) 友達、 それは 大事な 存在。
(3) へえ、 まったく 知らなかった。
(4) ねえ、 いっしょに 参加しましょう。
(5) ありがとう、 思い出が 増えました。

ア 感動　イ 呼びかけ　ウ 応答　エ 挨拶《あいさつ》　オ 提示

	独立語	種類
(1)		
(2)		
(3)		
(4)		
(5)		

解答 ➔ P.115

点

19 連文節 主部・述部

1章 文法 文の成分

月　日

ここ大事！

★「連文節」…二つ以上の文節が一まとまりになったもの。

①主部…主語の働きをするまとまり

例 桜の 花が 満開だ。

②述部…述語の働きをするまとまり

例 歌声が 聞こえて くる。

やってみよう

1 次の――線部の連文節が主部ならア、述部ならイを書きましょう。

(1) 青い 空が 広がる。（　　）

(2) 山田さんは ほがらかで 活発だ。（　　）

(3) 妹が 泣いて いる。（　　）

(4) 私の しゅみは 読書です。（　　）

2 次の文で、（　）の働きをする連文節を書きぬきましょう。

(1) みんなが 笑って いる。（述部）［　　　　］

(2) 今日の 海は おだやかだ。（主部）［　　　　］

(3) のどかな 景色が 見える。（主部）［　　　　］

(4) あれは ぼくの 弟です。（述部）［　　　　］

何問できた？

8問中　　問

解答 ➔ P.116

20 連文節 修飾部・接続部・独立部

1章 文法 文の成分

月　日

ここ大事！

★「連文節」①主部　②述部

③修飾部《しゅうしょくぶ》…修飾語の働きをするまとまり

例 鳥が　木の　枝に　とまる。

④接続部…接続語の働きをするまとまり

例 のどが　かわいたので、水を　飲んだ。

⑤独立部…独立語の働きをするまとまり

例 最前列の　人、はじめに　退場します。

やってみよう

1 次の――線部の連文節は、どんな文の成分になっていますか。あとから選び、記号で答えましょう。

(1) 雨は　やんだが、風が　強い。〔　〕

(2) 一組の　人、こちらに　集合です。〔　〕

(3) 私は　バナナの　ケーキを　焼いた。〔　〕

ア 修飾部　イ 接続部　ウ 独立部

2 次の文で、（　）の働きをする連文節を書きぬきましょう。

(1) 私は　新しい　技《わざ》に　挑戦《ちょうせん》する。（修飾部）

〔　〕

(2) 春に　なったので、動物たちが　目覚めた。（接続部）

〔　〕

(3) ステーキと　ハンバーグ、ぼくの　大好物だ。（独立部）

〔　〕

解答→P.116

6問中　問

何問できた？

21 連文節　並立の関係①

1章　文法　文の成分

月　日

ここ大事！

★「並立《へいりつ》の関係」……二つ以上の文節が対等に並んでいる関係。

・いつもひとまとまりの連文節となる。

・文の成分（主部・述部・修飾《しゅうしょく》部・接続部・独立部）になる。

文の成分（連文節）

- 主部　例　父と　母が　出かける。（並立の関係：父と　母が）
- 述部　例　彼は　誠実で　おだやかだ。（並立の関係：誠実で　おだやかだ）
- 修飾部　例　真っ黒で　きれいな　髪《かみ》だ。（並立の関係：真っ黒で　きれいな）
- 接続部　例　安くて　おいしいから、すぐ　売り切れる。（並立の関係：安くて　おいしいから）
- 独立部　例　パンと　ご飯、どちらが　好きですか。（並立の関係：パンと　ご飯）

やってみよう

1 次の——線部の文節と並立の関係にある文節に——線を引きましょう。

(1) 月と　星が　見える。

(2) 彼女は　優《やさ》しくて　親切だ。

(3) ゆっくり　丁寧《ていねい》に　作ろう。

(4) つらくて　苦しいが、投げ出さない。

(5) イギリスと　フランス、どちらにも　行きたい。

何問できた？

5問中　　問

解答➔P.116

22 連文節 並立の関係②

月 日

1 次の文から並立《へいりつ》の関係にあたる二文節をさがして、記号で答えましょう。

(1) ア ぼくは イ ペンと ウ ノートを エ 用意する。 〔　〕と〔　〕

(2) ア 先生も イ 生徒も ウ みんな エ 笑った。 〔　〕と〔　〕

(3) ア この イ 物語は ウ あわれで エ せつない。 〔　〕と〔　〕

(4) ア 桜と イ 梅、ウ 花びらを エ 見分けよう。 〔　〕と〔　〕

(5) ア 熱心で イ まじめだが、ウ あまり エ 上達しない。 〔　〕と〔　〕

2 次の――線部の並立の関係の二文節は、どんな文の成分になっていますか。あとから選び、記号で答えましょう。

(1) かしこくて おとなしいので、ポチは みんなに 愛される。 〔　〕

(2) 祖父の 話は いつも おもしろくて 興味深い。 〔　〕

(3) 男子と 女子が 力を 合わせて 作業する。 〔　〕

(4) みんなが 安全で 静かな 場所を 求める。 〔　〕

(5) ボールと ラケット、テニスには 欠かせない 道具だ。 〔　〕

ア 主部　イ 述部　ウ 修飾部《しゅうしょくぶ》　エ 接続部　オ 独立部

解答 → P.116

10問中　　問

何問できた？

23 連文節　補助の関係①

1章　文法　文の成分

ここ大事！

★「補助の関係」…下の文節が、すぐ上の文節に補助的な意味を付け加えている関係。

例1　歌って　いるのは、私の妹だ。（＝「居る」ではなく「歌い続けている」の意味）

（「歌って　いるのは」：補助の関係／主部）

例2　物語を　読んで　みる。（＝「見る」ではなく「試しに」の意味）

（「読んで　みる」：補助の関係／述部）

※「補助の関係」の連文節は、ひとまとまりで「主部」や「述部」などの文の成分になる。

「〜て（で）〜」の形のとき、下の文節の語は、ひらがなで書くよ。

月　日

やってみよう

1

次の——線部の文節に補助的な意味を付け加えている文節を書きぬきましょう。

(1) 風が　吹《ふ》いて　いる。　（　　　）

(2) 自分で　書いて　みるのは　大切だ。　（　　　）

(3) 消しゴムを　貸して　あげる。　（　　　）

(4) 新札に　替《か》えて　もらう。　（　　　）

(5) 咲《さ》いて　いるのは　桃《もも》の　花だ。　（　　　）

5問中　　問　　何問できた？

解答➔P.116

24 連文節 補助の関係②

1章 文法 文の成分

月 日

ここ大事！

★補助の関係の文節は、ひとまとまりで五つの文の成分のどれかになる。

例3 補助の関係［走って くる］修飾部《しゅうしょくぶ》 人は、ぼくの 友達だ。

例4 補助の関係［助けて くれたので］接続部、お礼を 言う。

五つの文の成分は、「主部」「述部」「修飾部」「接続部」「独立部」だったね！

やってみよう

1 次の文で、補助の関係になっている連文節に、「飛んで くるので」のように、——線を引きましょう。

(1) 家では 猫《ねこ》を 飼って いる。

(2) 置いて あるのは、私の 本だ。

(3) 話して みると、楽しかった。

(4) 買って くれた 人に 渡《わた》す。

2 次の——線部の補助の関係の連文節は、どんな文の成分になっていますか。あとから選び、記号で答えましょう。

(1) 発表して いるのは だれですか。〔　　〕

(2) 教えて もらったので、わかった。〔　　〕

(3) 二つを 比べて みる。〔　　〕

(4) 遊んで いる 妹を 呼ぶ。〔　　〕

ア 主部　イ 述部　ウ 修飾部　エ 接続部

何問できた？ 8問中　　問

解答→P.116

確認問題3

うでだめし やってみよう

表裏10分!

月　日

1

次の――線部の連文節は、どんな文の成分になっていますか。あとから選び、記号で答えましょう。

［各5点×5問］

(1) 妹は 黄色い ブラウスを 着た。　［　　］

(2) チャイムが 鳴ったので、 教室に もどる。　［　　］

(3) よい 天気が 一週間 続いた。　［　　］

(4) 美しい 自然、 これを 守りたい。　［　　］

(5) 山の 風景を 描《か》いて みる。　［　　］

ア 主部　イ 述部　ウ 修飾《しゅうしょく》部《ぶ》

エ 接続部　オ 独立部

2

次の文で、（　）の働きをする連文節に――線を引きましょう。

［各5点×5問］

(1) 七色の 虹《にじ》が 見える。　（主部）

(2) 歴史を 学んで いる。　（述部）

(3) 白い ハンカチを 洗う。　（修飾部）

(4) 早く 目覚めたが、 再び 眠《ねむ》った。　（接続部）

(5) 陸上部か 野球部、 どちらかに 入りたい。　（独立部）

次ページに続くよ

前ページの続きだよ

3

次の——線部の並立の関係の二文節は、どんな文の成分になっていますか。あとから選び、記号で答えましょう。［各5点×5問］

(1) 犬と　猫《ねこ》が　珍《めずら》しく　いっしょに　遊ぶ。（　　）

(2) お弁当と　お茶、これを　参加者に　配ります。（　　）

(3) ぼくの　祖父と　祖母は　元気で　若々しい。（　　）

(4) 試合前に　各自が　ストレッチや　ランニングを　こなす。（　　）

(5) 質問に　答えると、自分の　知識も　定着する。（　　）

ア 主部　イ 述部　ウ 修飾部　エ 接続部　オ 独立部

4

次の文で、補助の関係になっている連文節を書きぬきましょう。［各5点×5問］

(1) 図書館の　辞典で　調べて　みる。（　　）

(2) つかれて　いるので、休みたい。（　　）

(3) 貸して　くれた　本を　大切に　あつかう。（　　）

(4) うっかり　解答を　まちがえて　しまう。（　　）

(5) 母が　読んで　いるのは、今日の　新聞だ。（　　）

解答➔P.116

点

何点とれた？

26 自立語と付属語 ①

月　日

ここ大事！

★単語は自立語と付属語に分けられる。

単語
- 自立語…それだけで意味がわかり、単独で文節を作れる。
  - ・文節の初めにある。
  - ・一文節に一つしかない。
- 付属語…それだけでは意味がわからず、単独で文節を作れない。
  - ・自立語の下に付く。
  - ・一文節に一つもない場合や、複数ある場合がある。

例　牛　が　牧草　を　食べる。

（自立語：牛・牧草・食べる　付属語：が・を）

やってみよう

1 次の文から自立語をさがして、――線を引きましょう。（　）は自立語の数です。

(1) 私　は　牛乳　を　飲む。（3）

(2) ぼく　は　学校　へ　行く。（3）

(3) 兄　が　自転車　に　乗る。（3）

(4) 祖母　が　ゆっくり　話す。（3）

(5) クッキー　を　たくさん　買う。（3）

何問できた？

5問中　　問

解答 ➔ P.117

27 自立語と付属語②

1章 文法 単語のいろいろ

月　日

1 次の文から付属語をさがして、——線を引きましょう。（　）は付属語の数です。

(1) にぎやかな　時間　が　終わる。（1）

(2) きみ　の　力　は　とても　強い。（2）

(3) サッカー　の　練習　を　する。（2）

(4) 香り　が　部屋　に　広がる。（2）

2 次の文について、例のように、——線部が自立語なら「自」、付属語なら「付」を［　］に書きましょう。

例 ぼく［自］　は［付］　映画［自］　を［付］　見る。［自］

(1) 険しい［　］　山道［　］　を［　］　歩く。［　］

(2) 新しい［　］　ゲーム［　］　で［　］　遊ぶ。［　］

(3) 彼女《かのじょ》［　］　の［　］　家［　］　を［　］　訪ねる。［　］

(4) 展覧会［　］　に［　］　油絵［　］　を［　］　出品する。［　］

何問できた？

8問中　　　問

解答 ➜ P.117

活用する単語と活用しない単語①

月　日

★単語は活用するものと活用しないものに分けられる。

活用＝あとにくる言葉によって形が変わること。

例　歩く ― 歩かない ― 歩きます ― 歩けば

〈見分け方〉

「ない」を付けてみる

- **形が変わる**
  例　「行く」＋「ない」→「行かない」→活用する
- **「ない」を付けられない**
  例　「ぼく」＋「ない」→×「ぼくない」→活用しない

例　・ぼく　は　海　へ　行く。
（ぼく・は・海・へ＝活用しない　行く＝活用する）

1　次の単語は活用します。例のように、□にあてはまるひらがなを書きましょう。

例　遊ぶ → 遊（ば）ない・遊（び）ます・遊べば

(1) 書く → 書□ない・書□ます・書けば

(2) 笑う → 笑□ない・笑□ます・笑えば

(3) 赤い → 赤□ない・赤かった・赤□□ば

(4) きれいだ → きれいだろう・きれい□色・きれいならば

4問中　　問

解答→P.117

29 活用する単語と活用しない単語②

月　日

1 次の——線部が活用する単語であればア、活用しない単語であればイを書きましょう。

(1) 私 は 学校 の プール で 泳ぐ。〔　　〕

(2) 今日 は 昨日 より ずっと 暑い。〔　　〕

(3) 友達 は まだ 集合場所 に 来 ない。〔　　〕

(4) 家 の 外 が いつも より 静かだ。〔　　〕

(5) 自分 の 意見 を はっきり 言う。〔　　〕

2 次の文から活用する単語をさがして、——線を引きましょう。（　）は活用する単語の数です。

(1) すずめ が チュンチュンと 鳴く。（1）

(2) 観葉植物 に 水 を やる。（1）

(3) 夕焼け が とても きれいだ。（1）

(4) 弟 が 青い 自転車 に 乗る。（2）

(5) 歌手 の きらびやかな 衣装《いしょう》 が 目立つ。（2）

何問できた？

10問中　　問

解答➜P.117

30 用言と体言

1章　文法　単語のいろいろ

月　日

ここ大事！

★「用言」…活用する言葉。単独で述語になれる。

★「体言」…活用しない言葉のうち、主語になれるもの。

例

・犬が走る。

・犬はかわいい。

・犬は忠実《ちゅうじつ》だ。

（犬＝体言　走る・かわいい・忠実だ＝用言）

やってみよう

1 次の文の中から、用言を書きぬきましょう。

(1) 彼女《かのじょ》は　とても　おおらかだ。　〔　　〕

(2) 弟は　大声で　泣く。　〔　　〕

(3) 祖父母の　家は　広い。　〔　　〕

(4) 夕日が　海に　しずむ。　〔　　〕

(5) ぼくの　妹の　ドレスは　はなやかだ。　〔　　〕

2 次の単語を　①用言　②体言に分けて、記号で答えましょう。

ア 電車　イ 重要だ　ウ 明るい　エ 見る

オ パソコン　カ 美しい　キ 心　ク 静かだ

① 用言〔　　〕

② 体言〔　　〕

何問できた？

7問中　　問

解答➔P.117

31 品詞分類①

月　日

ここ大事！

★単語は、十種類の品詞に分けられる。

単語				品詞	例
自立語	活用する	述語になれる	用言	動詞	歌う
				形容詞	楽しい
				形容動詞	静かだ
	活用しない	主語になれる	体言	名詞	ねこ
		主語になれない		副詞	とても
				連体詞	あの
				接続詞	しかし
				感動詞	ああ
付属語	活用する			助動詞	です・たい
	活用しない			助詞	が・と

やってみよう

1 右の表を参考にして、次の〔　〕にあてはまる言葉をあとから選び、記号で答えましょう。

(1) 自立語で活用する品詞は〔　〕〔　〕〔　〕の三つで、それらをまとめて〔　〕と言う。

(2) 自立語で活用しない単語のうち、主語になれる品詞は〔　〕である。

(3) 自立語で活用しない四つの品詞は、〔　〕になることができない。

(4) 付属語で活用する品詞が〔　〕、活用しない品詞が〔　〕である。

ア 助動詞　イ 動詞　ウ 名詞　エ 主語
オ 形容詞　カ 助詞　キ 用言　ク 形容動詞

何問できた？ 4問中　　問

解答➔P.117

32 品詞分類②

月　日

1

次の文を単語に分けてそれぞれを詳《くわ》しく説明するとき、あてはまるほうの言葉を選び、記号を○で囲みましょう。

・人　が　集まる。

① 人……｛ア 自立語／イ 付属語｝｛ア 活用する／イ 活用しない｝｛ア 主語になる／イ 述語になる｝
↓
体言(名詞)である。

② が……｛ア 自立語／イ 付属語｝｛ア 活用する／イ 活用しない｝
↓
助詞である。

③ 集まる…｛ア 自立語／イ 付属語｝｛ア 活用する／イ 活用しない｝｛ア 主語になる／イ 述語になる｝
↓
用言(動詞)である。

2

次の文の単語をあとの四つに分けて、——線部の記号で答えましょう。

(1) ア大会　イに　ウ出場し　エます。

体言(名詞)〔　　〕
用言(動詞)〔　　〕
活用しない付属語(助詞)〔　　〕
活用する付属語(助動詞)〔　　〕

(2) ア友達　イと　ウ遊び　エたい。

体言(名詞)〔　　〕
用言(動詞)〔　　〕
活用しない付属語(助詞)〔　　〕
活用する付属語(助動詞)〔　　〕

何問できた？　5問中　　問

解答➜P.118

33 品詞分類③

1章 文法 単語のいろいろ

月　日

ここ大事！

★ **用言の識別**

「用言」は、「動詞」「形容詞」「形容動詞」の三つ！

品詞	働き	識別方法	例
動詞	動作などを表す	言い切りが「ウ段」	飛ぶ・買う・聞く
形容詞	状態や性質を表す	言い切りが「い」	やさしい・新しい
形容動詞	状態や性質を表す	言い切りが「だ・です」	きれいだ・静かです

例

小鳥が　明るく　さわやかな　声で　鳴く。

明るく→言い切りが「明るい」なので、形容詞。

さわやかな→言い切りが「さわやかだ」なので、形容動詞。

鳴く→言い切りが「鳴く」なので、動詞。

やってみよう

1 次の――線部の言葉の品詞名を書きましょう。

(1) 京都から　新幹線に　乗る。　（　　　）

(2) 今日は　朝から　とても　暑い。　（　　　）

(3) あざやかな　色で　ぬる。　（　　　）

2 次の――線部と（　）の品詞名が合っているものは○、まちがっているものは×を書きましょう。

(1) 公園の　ベンチに　座《すわ》る。（動詞）　（　　）

(2) 月が　きれいに　見える。（形容詞）　（　　）

(3) 彼《かれ》は　やさしい　人だ。（形容詞）　（　　）

何問できた？　6問中　　問

解答→P.118

34 品詞分類④

月　日

ここ大事！

用言以外の品詞の識別

働きのちがいで識別しよう！

品詞	例	働き
名詞	学校・犬・私・りんご	・物の名前や事がらを表す ・主語になれる
副詞	ゆっくり・たくさん	・主に用言を修飾《しゅうしょく》する
連体詞	我《わ》が・ある・この	・体言（名詞）を修飾する
接続詞	だから・しかし・また	・接続語になる（前後をつなぐ）
感動詞	まあ・はい・さようなら	・感動・応答・挨拶《あいさつ》などを表す ・独立語になる（それだけで文になる）

やってみよう

1 次の――線部の単語の品詞名をあとから選び、記号で答えましょう。

(1) ①ゆっくり　歩く。②だから、③かなり　④時間が　かかる。

①〔　　〕 ②〔　　〕 ③〔　　〕 ④〔　　〕

(2) ①ある　晴れた　②とても　暑い　日、③私は　先生に　「④さようなら」とあいさつを　して、家まで　帰った。

①〔　　〕 ②〔　　〕 ③〔　　〕 ④〔　　〕

ア 名詞　イ 副詞　ウ 連体詞　エ 接続詞　オ 感動詞

解答➔P.118

8問中　　問

何問できた？

35 品詞分類⑤

月　日

1 次の単語の中で、他と品詞の異なるものを一つ選び、記号で答えましょう。また、その異なる品詞名を書きましょう。

(1) ア 走る　イ 投げる　ウ 美しい　エ 笑う

記号（　　）　品詞名（　　　）

(2) ア さわやかだ　イ 苦しい　ウ 白い　エ おいしい

記号（　　）　品詞名（　　　）

(3) ア だから　イ すると　ウ さようなら　エ しかし

記号（　　）　品詞名（　　　）

2 次の文章の——線部①～⑦の品詞名として正しいものをあとから選び、記号で答えましょう。

先週の①日曜日、友達②と丘《おか》までサイクリングをした。そして、丘の上から③赤い夕焼けを④見⑤た。

「ああ、この風景は⑥とても⑦きれいだ。」

と友達が言った。

ア 動詞　イ 形容詞　ウ 形容動詞　エ 名詞　オ 副詞
カ 連体詞　キ 接続詞　ク 感動詞　ケ 助動詞　コ 助詞

①（　）　②（　）　③（　）　④（　）
⑤（　）　⑥（　）　⑦（　）

解答 → P.118

10問中　　問

何問できた？

36 確認問題4

1章 文法 単語のいろいろ

うでだめし やってみよう

表裏10分!

月　日

1 次の〔　〕にあてはまる言葉をあとから選び、記号で答えましょう。［各2点×7問］

- 単語
  - 自立語
    - 活用する — 述語になれる ②〔　〕
      - 動作などを表す → ③〔　〕
      - 状態や性質を表す → 形容詞／形容動詞
    - 活用しない
      - 主語になれる 体言 → ④〔　〕
      - 主語になれない
        - 用言を修飾《しゅうしょく》 → ⑤〔　〕
        - 体言を修飾 → 連体詞
        - 前後をつなぐ → ⑥〔　〕
        - 感動・応答など → 感動詞
  - ①〔　〕
    - 活用する → 助動詞
    - 活用しない → ⑦〔　〕

ア 名詞　イ 助詞　ウ 動詞　エ 接続詞
オ 付属語　カ 用言　キ 副詞

2 次の文の単語をあとの四つに分けて、――線部の記号で答えましょう。［各15点×2問］

(1) トランプ（ア）を（イ）並べ（ウ）た（エ）。

体言（名詞）〔　〕
用言（動詞）〔　〕
活用しない付属語（助詞）〔　〕
活用する付属語（助動詞）〔　〕

(2) 集会（ア）が（イ）終わり（ウ）ます（エ）。

体言（名詞）〔　〕
用言（動詞）〔　〕
活用しない付属語（助詞）〔　〕
活用する付属語（助動詞）〔　〕

次ページに続くよ

前ページの続きだよ

3

次の単語の中で、他と品詞の異なるものを一つ選び、記号で答えましょう。また、その異なる品詞名を書きましょう。　［各8点×2問］

(1) ア せつない　イ おおらかだ　ウ うれしい　エ はがゆい

記号〔　　〕　品詞名〔　　〕

(2) ア 流れる　イ 泣く　ウ 広い　エ 開ける

記号〔　　〕　品詞名〔　　〕

4

次の文章の――線部①～⑩の品詞名として正しいものをあとから選び、記号で答えましょう。　［各4点×10問］

①姉は、本②を読むことが大好きだ。休日は、③必ず図書館へ行き、④あらゆる種類の本を読んでいる。⑤やさしい司書が、本についていろいろと教えてくれる⑥らしい。

⑦また、テスト勉強も、家ではなく、図書館でする。

「⑧ああ、⑨静かな環境《かんきょう》で勉強が⑩はかどる。」

と、いつも言っている。

ア 動詞　イ 形容詞　ウ 形容動詞　エ 名詞　オ 副詞

カ 連体詞　キ 接続詞　ク 感動詞　ケ 助動詞　コ 助詞

①〔　　〕　②〔　　〕　③〔　　〕　④〔　　〕　⑤〔　　〕

⑥〔　　〕　⑦〔　　〕　⑧〔　　〕　⑨〔　　〕　⑩〔　　〕

解答➜P.118

〔　　　点〕

名詞①

月　日

ここ大事！

★「名詞」
- 自立語で活用しない。
- 物の名前や事がらを表す。
- 「が・は」などが付いて、主語になる。

種類 例

① **普通《ふつう》名詞** 学校・海・花・春……一般《いっぱん》的な物や事がらを表す。

② **固有名詞** エジソン・日本……人名や国名など、そのものだけに付けられた名前を表す。

③ **数詞** 一冊・二本・三人……数をふくみ、物の数や順序を表す。

④ **形式名詞** 書くこと・言うとおり……上に連体修飾《しゅうしょく》語《ご》が付いて、もともとの意味がうすれたもの。

⑤ **代名詞** 人や事がらなどを指し示す。
- **人称《にんしょう》代名詞** ぼく・あなた・彼《かれ》……人を指し示す。
- **指示代名詞** これ・そこ・どちら……事がらや場所を指し示す。

やってみよう

1 次の文から名詞をさがして、――線を引きましょう。（ ）は名詞の数です。

(1) 彼 に たずねる こと が ある。（2）

(2) ここ から 島 が 見える。（2）

(3) 妹 の 名前 は 美紀《みき》 です。（3）

(4) それ は 日本 で 三番目 に 高い 山 です。（4）

何問できた？　4問中　　問

解答➔P.119

38 名詞②

月　日

1

次の文から名詞をさがして、――線を引き、名詞の種類をあとから選んで、記号で答えましょう。

(1) あれが　ほしいので　取って　ください。 〔　　〕

(2) うれしい　ことが　あった。 〔　　〕

(3) 三個　買いたかったが、買えなかった。 〔　　〕

(4) 田中さんが　やさしく　注意する。 〔　　〕

(5) 台風に　備えて　片づける。 〔　　〕

ア 普《ふ》通《つう》名詞　イ 固有名詞　ウ 数詞
エ 形式名詞　オ 代名詞

2

次の名詞の中から種類の異なるものを一つ選び、記号で答えましょう。

(1) ア 学校　イ 五年　ウ 新聞　エ 平和 〔　　〕

(2) ア 東京　イ ぼく　ウ あなた　エ あそこ 〔　　〕

(3) ア 六番目　イ 富士山　ウ 二人　エ 十冊 〔　　〕

(4) ア 生活　イ 幸せ　ウ 歩道橋　エ どちら 〔　　〕

何問できた？

9問中　　問

解答 → P.119

39 指示する語句（こそあど言葉）①

月　日

ここ大事！

★「こそあど言葉」…「こ・そ・あ・ど」が頭につき、具体的な名前の代わりに、事物・場所・方向などを指し示す。

	こ	そ	あ	ど	
事物	これ	それ	あれ	どれ	代名詞
場所	ここ	そこ	あそこ	どこ	代名詞
場所	こちら	そちら	あちら	どちら	代名詞
方向	こっち	そっち	あっち	どっち	代名詞
指定	この	その	あの	どの	連体詞
状態	こんな	そんな	あんな	どんな	連体詞
状態	こう	そう	ああ	どう	副詞

こ…自分に近い
そ…相手に近い
あ…両方から遠い
ど…わからない
ものを示しているよ。

やってみよう

1

次の文中の指示する語句に、――線を引きましょう。

(1) あなたが 通って いるのは あの 学校ですか。

(2) こんな 景色《けしき》は 二度と 見られないだろう。

(3) あなたが 好きなのは どっちですか。

(4) あちらに いらっしゃるのが、数学の 先生です。

(5) それを もっと よく 見せて ください。

何問できた？

5問中　　問

解答➜P.119

40 指示する語句（こそあど言葉）②

月　日

ここ大事！

★ **指示する語句は、前後の文や文中の言葉を指し示す働きもする。**

例
・本を読むことは楽しい。でも、それ以上に楽しいのは、動画を見ることだ。
・ある科学者はこう述べていた。「異常気象は続くだろう。」

やってみよう

1 次の——線部の指示する語句が指すものを、それぞれ書きましょう。

(1)「机の上の赤いペンを取ってください。」「これですか。」

(2) 7月下旬《げじゅん》に梅雨《つゆ》があけ、そのころから暑くなるだろう。

(3) 坂の上の白い建物、あそこが私の家です。

2 次の会話文の（　）にあてはまる指示する語句を、あとから選んで記号で答えましょう。

「（　）ケーキにしようかな。」

「（　）のチーズケーキがおすすめです。」

「（　）を二ついただけますか。」

ア こちら　イ それ　ウ どの

解答 → P.119

4問中　　問　何問できた？

41 副詞

月　日

ここ大事！

★「副詞」自立語で活用しない。
主に用言を修飾《しゅうしょく》する。（連用修飾語）

種類　例

① 状態の副詞　そっと ドアを 開ける。　「どのように」を表す。

② 程度の副詞　今日は とても 暑い。　「どのくらい」を表す。

③ 呼応の副詞　まるで 夢のようだ。　下に決まった言い方がくる。

やってみよう

1 次の〰〰線部の副詞が修飾している文節を書きぬきましょう。

(1) こっそり ドアから のぞく。〔　　〕

(2) かなり 静かな 所だ。〔　　〕

(3) たぶん みんなは 驚《おどろ》くだろう。〔　　〕

2 次の文から副詞をさがして、例のように、〰〰線を引きましょう。また、その副詞の種類を下から選び、記号で答えましょう。

例 生徒は きびきびと 動いた。（種類）〔ア〕

(1) 春風が そよそよと 野原に 吹《ふ》く。〔　　〕

(2) たとえ 雨が 降っても 参加します。〔　　〕

(3) 祖父は かなり 器用な 人です。〔　　〕

ア 状態
イ 程度
ウ 呼応

何問できた？　6問中　　問

解答➔P.119

42 連体詞

ここ大事！

★「連体詞」 自立語で活用しない。
体言を修飾《しゅうしょく》する。（連体修飾語）

種類

① 「〜の」型
② 「〜な」型
③ 「〜た（だ）」型
④ 「〜る」型

例

この・その・あの・どの・ほんの・例の
大きな・小さな・いろんな・おかしな
たいした・とんだ・だいそれた
いかなる・あらゆる・ある・さる

※まぎらわしい語を見分ける

例

・大きな木＝連体詞
・大きい木＝形容詞

・ある町に…。＝連体詞
・…町がある。＝動詞

月　日

やってみよう

1 次の文から連体詞をさがして、——線を引きましょう。

(1) どの 本を 借りますか。
(2) 公園で 小さな 子供たちと 遊ぶ。
(3) とんだ 事件に 発展する。
(4) 警察は、いかなる 不正も 許さない。
(5) あらゆる 事情を 考慮《こうりょ》する。

2 次の——線部のうち、連体詞であるほうを選び、記号で答えましょう。

(1) ア 大きい 音に 驚《おどろ》く。
　イ 大きな 湖が 広がる。
〔　　〕

(2) ア ある 計画に 基《もと》づく。
　イ 今回は 自信が ある。
〔　　〕

(3) ア これは なつかしい 写真だ。
　イ この 辞典を 使う。
〔　　〕

何問できた？

8問中　　問

解答 → P.119

43 接続詞

ここ大事！

★「接続詞」
自立語で活用しない。接続語になる。
前後の事がらをつないで、その関係を示す。

種類	例	
① 順接	だから・すると	前の事がらの当たり前の結果が後にくる
② 逆接	しかし・ところが	前の事がらと反対の事がらが後にくる
③ 並立《へいりつ》・累加《るいか》	また・しかも	事がらを並べる、または付け加える
④ 対比・選択《せんたく》	一方・または	前後の事がらを比べる、または選ぶ
⑤ 説明・補足	なぜなら・つまり	前の事がらを説明・補足する
⑥ 転換《てんかん》	ところで・では	話題をかえたり発展させたりする

月　日

やってみよう

1 次から接続詞をさがして、——線を引きましょう。

(1) 毎日練習を続けた。すると、記録がのびた。
(2) 友達に電話してみた。ところが、出なかった。
(3) この記事は研究に役立つ。しかも、おもしろい。
(4) 彼女《かのじょ》はみんなのアイドルだ。つまり、人気者だ。
(5) 意見がまとまった。では、次の議題に移ろう。

2 次の——線部の接続詞の種類をあとから選び、記号で答えましょう。

(1) 夏休みが楽しみだ。なぜなら、北海道へ行けるからだ。
(2) 会えてうれしいです。ところで、昼食は済《す》みましたか。
(3) かぜで発熱した。だから、今日は欠席した。
(4) 途中《とちゅう》で雨が降った。しかし、試合は最後まで行われた。
(5) このインコは色が美しい。また、おしゃべりもうまい。
(6) 彼《かれ》は有名な作家であるが、一方、医師でもある。

ア 順接　イ 逆接　ウ 並立・累加
エ 対比・選択　オ 説明・補足　カ 転換

(1)［　］(2)［　］(3)［　］(4)［　］(5)［　］(6)［　］

何問できた？　11問中　　問

解答➔P.120

44 感動詞

月 日

ここ大事！

★「感動詞」……自立語で活用しない。
……独立語になる。

種類

① 感動　例 まあ・おや・あれ・ああ・へえ・うわあ

② 呼びかけ　もしもし・これ・ちょっと・おい・さあ・ねえ

③ 応答　はい・ええ・うん・いいえ・いや・そう

④ 挨拶《あいさつ》　おはよう・こんにちは・さようなら・こんばんは

※まぎらわしい語を見分ける

例
「あれ、どうしたの。」＝感動詞
「あれは、私の作品だ。」＝代名詞
「ちょっと、待ちなさいよ。」＝感動詞
「ちょっと涼《すず》しくなった。」＝副詞

やってみよう

1 次の文から感動詞をさがして、——線を引きましょう。

(1) こんにちは、お変わり ないですか。

(2) おい、少し 急ぐぞ。

2 次の——線部の感動詞の種類を下から選び、記号で答えましょう。

(1) さあ、食事の 時間です。

(2) はい、だいじょうぶです。

(3) さようなら、お元気で。

(4) まあ、すばらしい 演技ね。

ア 感動　イ 呼びかけ　ウ 応答　エ 挨拶

3 次の——線部のうち、感動詞であるほうを選び、記号で答えましょう。

(1) ア あの 電車に 乗りましょう。
イ あの、よろしいでしょうか。

(2) ア これ、もっと そばに 来なさい。
イ これは 誰《だれ》の ものですか。

解答→P.120

8問中　問

何問できた？

45 確認問題5

1章 文法 単語のいろいろ

うでだめし やってみよう

表裏10分!

月 日

1

次の——線部の名詞の種類をあとから選び、記号で答えましょう。

(1) エジソンは 有名な 発明家だ。

(2) 二冊の 本を 貸す。

(3) 本当に 困った ものです。

(4) 自分の 目標を 発表する。

(5) これが 人気の 商品だ。

ア 普《ふ》通《つう》名詞 イ 固有名詞 ウ 数詞

エ 形式名詞 オ 代名詞

[各5点×5問]

2

次の——線部の指示する語句が指すものを、それぞれ書きましょう。

(1) 白い服を着た女の子、あれが私の妹です。

(2) 「あなたのボール、木の向こう側に転がっていったよ。」
「じゃあ、そっちを探してみるね。」

(3) 目の前の茶色い建物、ここが図書館だ。

[各5点×3問]

次ページに続くよ

◀ 前ページの続きだよ

3

次の〜〜〜線部の副詞が修飾《しゅうしょく》している文節を書きぬきましょう。

［各5点×3問］

(1) そっと　ドアを　閉める。

(2) もっと　背筋《せすじ》を　のばす。

(3) ぜひ　山頂まで　登りたい。

4

次の——線部のうち、連体詞であるほうを選び、記号で答えましょう。

［各5点×3問］

(1) ア 小さい　文字を　書く。
イ 小さな　声で　話す。

(2) ア ある　男が　訪ねて　きた。
イ 町の　中央に　公園が　ある。

(3) ア それは　私の　かさです。
イ その　意見に　賛成だ。

5

次の——線部の接続詞の種類をあとから選び、記号で答えましょう。

［各5点×6問］

(1) 彼女《かのじょ》は父の弟の娘《むすめ》、つまり、ぼくのいとこだ。

(2) 黒、または、青のペンで記入してください。

(3) みなさん、そろいましたね。では、始めましょう。

(4) このシャツはかわいい。しかも、安くなっている。

(5) 家族に反対された。ところが、彼は実行した。

(6) 決勝戦で勝った。すると、全員がとびはねて喜んだ。

ア 順接　イ 逆接　ウ 並立《へいりつ》・累加《るいか》
エ 対比・選択《せんたく》　オ 説明・補足　カ 転換《てんかん》

解答 ➔ P.120

点

46

小学校3年生までに習った漢字

月　日

★覚えているかな？

・汽笛《きてき》　・太陽《たいよう》　・都合《つごう》　・由来《ゆらい》

1 ——の漢字の読みがなを書きましょう。

(1) 屋外で遊ぶ。（　　）

(2) ノートに写す。（　　）

(3) 平等に分ける。（　　）

(4) 牛を野に放つ。（　　）

(5) 人の都合を聞く。（　　）

(6) 国王に仕える。（　　）

(7) 由来を調べる。（　　）

(8) 急な坂道で転ぶ。（　　）

2 □には漢字を、〔　〕には漢字と送りがなを書きましょう。

(1) うん めい □□を信じる。

(2) ドアを〔あける〕。

(3) き てき □□が鳴る。

(4) 体を〔まげる〕。

(5) たい よう □□がまぶしい。

(6) 〔まったく〕知らない。

14問中　　問

解答➔P.120

47 小学校4年生で習った漢字

月　日

ここ大事！

★覚えているかな？

・栄養《えいよう》　・刷新《さっしん》　・着陸《ちゃくりく》　・唱《とな》える

やってみよう

1 ――の漢字の読みがなを書きましょう。

(1) 人気に便乗する。（　　）

(2) 山々が連なる。（　　）

(3) 無心に戦う。（　　）

(4) 赤みを帯びる。（　　）

(5) 相手に完敗する。（　　）

(6) 国を治める。（　　）

(7) 体制を刷新する。（　　）

(8) 念仏を唱える。（　　）

2 □には漢字を、〔　〕には漢字と送りがなを書きましょう。

(1) もうすぐ□□《ちゃくりく》だ。

(2) 責任を〔　　〕《はたす》。

(3) □□《とくべつ》な料理。

(4) 態度を〔　　〕《あらためる》。

(5) □□《えいよう》を補う。

(6) 梅の〔　　〕《かおり》。

48

2章 漢字

小学校5年生で習った漢字

月　日

★覚えているかな？

・業績《ぎょうせき》　・険《けわ》しい　・肥《こ》える　・複雑《ふくざつ》

1 ——の漢字の読みがなを書きましょう。

(1) 潔白を証明する。（　　）

(2) 目が肥える。（　　）

(3) 何度も往復する。（　　）

(4) 生徒を率いる。（　　）

(5) 余興で盛り上がる。（　　）

(6) 険しい表情。（　　）

(7) 定規を使う。（　　）

(8) 学問を修める。（　　）

2 □には漢字を、〔　〕には漢字と送りがなを書きましょう。

(1) 動物を□□《あいご》する。

(2) 田畑を〔　　〕《たがやす》。

(3) □□《ふくざつ》な仕組み。

(4) 客席を〔　　〕《もうける》。

(5) □□《ぎょうせき》が上がる。

(6) 食堂を〔　　〕《いとなむ》。

14問中　　問

解答→P.121

49

2章 漢字

小学校6年生で習った漢字

月　日

ここ大事！

★覚えているかな？

・映像《えいぞう》　・裁断《さいだん》　・散策《さんさく》　・発奮《はっぷん》

1 ――の漢字の読みがなを書きましょう。

やってみよう

(1) 異様に感じる。（　）

(2) セーターが縮む。（　）

(3) 近所を散策する。（　）

(4) 痛みをこらえる。（　）

(5) 負けて発奮する。（　）

(6) 札を箱に収める。（　）

(7) これは貴重な品だ。（　）

(8) 先に用事を済ます。（　）

2 □には漢字を、（　）には漢字と送りがなを書きましょう。

(1) 古い□《えい》□《ぞう》を見る。

(2) 判断を（　）《あやまる》。

(3) 寺を□《さん》□《ぱい》する。

(4) 目を（　）《うたがう》。

(5) 布を□《さい》□《だん》する。

(6) 部屋が（　）《あたたまる》。

何問できた？

14問中　　問

解答 → P.121

50

2章 漢字

小学校で習った特別な読み

月　日

ここ大事！

★読み方を思い出そう！

・七夕《たなばた》　・迷子《まいご》　・眼鏡《めがね》　・八百屋《やおや》

やってみよう

1 ──の漢字の特別な読み方を書きましょう。

(1) 河原で遊ぶ。（　　）

(2) 七夕の飾《かざ》りつけをする。（　　）

(3) 妹が迷子になる。（　　）

(4) 美しい景色が広がる。（　　）

(5) 眼鏡をかける。（　　）

(6) 八百屋で野菜を買う。（　　）

(7) 果物を食べる。（　　）

(8) 真面目に取り組む。（　　）

2 ──の都道府県名を書きましょう。

(1) 宮城県（　　）

(2) 大阪府（　　）

(3) 鹿児島県（　　）

(4) 鳥取県（　　）

(5) 愛媛県（　　）

(6) 岐阜県（　　）

(7) 大分県（　　）

(8) 滋賀県（　　）

(9) 茨城県（　　）

何問できた？　17問中　　問

解答➔P.121

51 中学校で習う読み（小学校で習った漢字）①

2章 漢字

月　日

☆この12字の新しい読み方を覚えよう！

（網かけ）は新しい読み方

- 素　ソ　ス
- 優　ユウ　やさしい　すぐれる
- 率　ソツ　リツ　ひきいる
- 操　ソウ　あやつる
- 割　カツ　わる・わり　われる　さく
- 省　セイ　ショウ　かえりみる　はぶく
- 認　ニン　みとめる
- 訪　ホウ　おとずれる　たずねる
- 迷　メイ　まよう
- 試　シ　こころみる　ためす
- 対　タイ　ツイ
- 臨　リン　のぞむ

1 ——の漢字の読みがなを書きましょう。

(1) 素直に謝《あやま》る。（　　　）

(2) 優れた能力。（　　　）

(3) 生徒を引率する。（　　　）

(4) 人形を操る。（　　　）

(5) 分割で支《し》払《はら》う。（　　　）

(6) 自らを省みる。（　　　）

2 □には漢字を、（　）には漢字と送りがなを書きましょう。

(1) 地図で□□（かくにん）する。

(2) 春が（おとずれる）。

(3) □□（めいろ）から出る。

(4) 実力を（ためす）。

(5) □□（いっつい）の茶わん。

(6) 海に（のぞむ）家。

12問中　　　問

解答 ➜ P.121

52 中学校で習う読み（小学校で習った漢字）②

月　日

ここ大事！

★この12字の新しい読み方を覚えよう！

□は新しい読み方

- 納　ノウ・ナッ　トウ　おさめる　おさまる
- 調　チョウ　しらべる　ととのう　ととのえる
- 己　コ　キ　おのれ
- 背　ハイ　せ・せい　そむく　そむける
- 精　セイ　ショウ
- 健　ケン　すこやか
- 我　ガ　われ・わ
- 厳　ゲン　おごそか　きびしい
- 極　キョク・ゴク　きわめる　きわまる　きわみ
- 就　シュウ　つく　つける
- 強　キョウ・ゴウ　つよい　つよまる　つよめる　しいる
- 断　ダン　たつ　ことわる

やってみよう

1 ——の漢字の読みがなを書きましょう。

(1) 相手の話に納得する。（　　）

(2) 料理の味を調える。（　　）

(3) 知己に相談する。（　　）

(4) 命令に背く。（　　）

(5) 日夜、精進する。（　　）

(6) 健やかに育つ。（　　）

2 □には漢字を、（　）には漢字と送りがなを書きましょう。

(1) □《わ》が家に帰る。

(2) （おごそか）な式典。

(3) □□《ごくひ》の情報。

(4) 定職に（つく）。

(5) □□《ごういん》なやり方。

(6) 未練を（たつ）。

何問できた？　12問中　　問

解答➔P.121

53

2章 漢字

覚えておきたい一字漢字①

月　日

ここ大事！

★今日はこの12字を覚えよう！

苗	なえ　なわ
掲	ケイ　かかげる
冠	カン　かんむり
仰	ギョウ　コウ　あおぐ
柄	がら　え
慎	シン　つつしむ
腕	ワン　うで
悩	ノウ　なやむ　なやます
柳	リュウ　やなぎ
離	リ　はなれる　はなす
穂	ほ
忙	ボウ　いそがしい

やってみよう

1

——の漢字の読みがなを書きましょう。

(1) 野菜の苗を植える。（　　）

(2) 目標を掲げる。（　　）

(3) 冠をかぶる。（　　）

(4) 星空を仰ぐ。（　　）

(5) 傘《かさ》の柄を持つ。（　　）

(6) 軽率《けいそつ》な言動を慎む。（　　）

2

□には漢字を、〔　〕には漢字と送りがなを書きましょう。

(1) □《うで》を組む。

(2) 進路に〔　　〕《なやむ》。

(3) □《やなぎ》が風になびく。

(4) 故郷を〔　　〕《はなれる》。

(5) 稲に□《ほ》がつく。

(6) 毎日〔　　〕《いそがしい》。

12問中　　問　　何問できた？

解答 ➜ P.121

54

覚えておきたい一字漢字②

月　日

ここ大事！

★今日はこの12字を覚えよう！

床	ショウ　とこ　ゆか
蛍	ケイ　ほたる
償	ショウ　つぐなう
眺	チョウ　ながめる
帆	ハン　ほ
涙	ルイ　なみだ
怠	タイ　おこたる　なまける
訴	ソ　うったえる
漆	シツ　うるし
壁	ヘキ　かべ
潜	セン　ひそむ　もぐる
据	すえる　すわる

やってみよう

1 ――の漢字の読みがなを書きましょう。

(1) 教室の床を掃除《そうじ》する。（　　）

(2) 過去の罪を償う。（　　）

(3) 船の帆を張る。（　　）

(4) 努力を怠る。（　　）

(5) 漆塗《ぬ》りの茶わん。（　　）

(6) 海に潜る。（　　）

2 □には漢字を、（　）には漢字と送りがなを書きましょう。

(1) ほたる □を観賞する。

(2) 広い海を ながめる（　　）。

(3) なみだ □がこぼれる。

(4) 感情に うったえる（　　）。

(5) かべ □に絵を飾《かざ》る。

(6) 度胸が すわる（　　）。

何問できた？　12問中　　問

解答→P.121

55 覚えておきたい熟語①

2章 漢字

月　日

ここ大事！

★今日の新しい漢字はこの12字！

沢 タク さわ
伏 フク ふせる ふす
添 テン そえる そう
辛 シン からい
嘆 タン なげく なげかわしい
喫 キツ
秩 チツ
裂 レツ さく さける
浪 ロウ
恨 コン うらむ うらめしい
抽 チュウ
冒 ボウ おかす

やってみよう

1

――の漢字の読みがなを書きましょう。

(1) 光沢のある布。（　　）
(2) 起伏の多い道。（　　）
(3) 資料を添付する。（　　）
(4) 辛苦に耐《た》える。（　　）
(5) 感嘆の声を上げる。（　　）
(6) 休みを満喫する。（　　）

2

□に漢字を書きましょう。

(1) □□《ちつじょ》を守る。
(2) 風船が□□《はれつ》する。
(3) 時間を□□《ろうひ》する。
(4) □□《つうこん》のミス。
(5) □□《ちゅうしょう》的な表現。
(6) 勇者が□□《ぼうけん》する。

何問できた？

12問中　　問

解答→P.122

56 覚えておきたい熟語②

月　日

★今日の新しい漢字はこの12字！

- 倣　ホウ
- 与　ヨ　あたえる
- 朴　ボク
- 緩　カン　ゆるい　ゆるやか　ゆるむ　ゆるめる
- 奔　ホン
- 瞬　シュン
- 債　サイ
- 漠　バク
- 偽　ギ　いつわる
- 鑑　カン
- 俸　ホウ
- 悟　ゴ　さとる

1 ――の漢字の読みがなを書きましょう。

(1) やり方を模倣する。（　　）

(2) 素朴な人柄《ひとがら》。（　　）

(3) 自由奔放な性格。（　　）

(4) 負債を抱《かか》える。（　　）

(5) 真偽を問う。（　　）

(6) 俸給をもらう。（　　）

2 □に漢字を書きましょう。

(1) 賞を□□《じゅよ》する。

(2) 混雑が□□《かんわ》する。

(3) 決定的□□《しゅんかん》。

(4) □□《さばく》を歩く。

(5) □□《ずかん》で調べる。

(6) □□《かくご》を決める。

12問中　　問

57 覚えておきたい熟語③

月　日

★今日の新しい漢字はこの12字！

- 倫　リン
- 柔　ジュウ　ニュウ　やわらか　やわらかい
- 拍　ハク　ヒョウ
- 鈴　レイ　リン　すず
- 滑　カツ　コツ　すべる　なめらか
- 執　シツ　シュウ　とる
- 塗　ト　ぬる
- 棄　キ
- 削　サク　けずる
- 惑　ワク　まどう
- 帽　ボウ
- 惨　サン

1 ――の漢字の読みがなを書きましょう。

(1) 倫理を説く。（　　）

(2) 柔和な表情。（　　）

(3) 拍子抜《ぬ》けする。（　　）

(4) 予鈴が鳴る。（　　）

(5) 円滑に進む。（　　）

(6) 古い考えに執着する。（　　）

2 □に漢字を書きましょう。

(1) 外壁《がいへき》を［と］［そう］する。

(2) 投票を［き］［けん］する。

(3) 文章を［さく］［じょ］する。

(4) ［めい］［わく］をかける。

(5) ［ぼう］［し］をかぶる。

(6) ［ひ］［さん］な結末。

12問中　　問

解答➜P.122

58 確認問題6

2章 漢字

うでだめし やってみよう

表裏10分!

月　日

1 ——の漢字の特別な読み方を書きましょう。

［各1点×2問］

(1) 迷子の子犬を捜《さが》す。（　　）

(2) 真面目な顔で話す。（　　）

2 ——の都道府県名を書きましょう。

［各2点×3問］

(1) 愛媛県（　　）

(2) 大分県（　　）

(3) 茨城県（　　）

3 ——の漢字の読みがなを書きましょう。

［各3点×12問］

(1) 先生が引率する。（　　）

(2) 己《おのれ》を省みる。（　　）

(3) 相手を納得させる。（　　）

(4) 健やかに成長する。（　　）

(5) 花の苗を植える。（　　）

(6) 旗を掲げる。（　　）

(7) 船の帆が風を受ける。（　　）

(8) 練習を怠る。（　　）

(9) 写真を添付する。（　　）

(10) 奔放に生きる。（　　）

(11) 柔和な顔つき。（　　）

(12) 曲の拍子をとる。（　　）

次ページに続くよ

◀ 前ページの続きだよ

4

□には漢字を、〔　〕には漢字と送りがなを書きましょう。

［各4点×14問］

(1) 先生に□□《かくにん》する。

(2) 限界を〔《ためす》　〕。

(3) □□《ごういん》に進める。

(4) 〔《おごそか》　〕な雰《ふん》囲《い》気《き》。

(5) □《やなぎ》の枝がしなる。

(6) くよくよと〔《なやむ》　〕。

(7) □《なみだ》を流す。

(8) 相手を〔《うったえる》　〕。

(9) □□《ちつじょ》を乱す。

(10) □□《つうこん》の一撃《いちげき》。

(11) 制限を□□《かんわ》する。

(12) □□《かくご》がゆらぐ。

(13) 出場を□□《きけん》する。

(14) □□《めいわく》がかかる。

解答 ➔ P.122

点

59

2章 漢字

送りがなに注意する漢字①

月　日

ここ大事！

★送りがなに注意して覚えよう！

危《あぶ》ない　現《あらわ》す　勇《いさ》ましい　敬《うやま》う　被《こうむ》る　志《こころざ》す

快《こころよ》い　逆《さか》らう　確《たし》かめる　直《ただ》ちに　省《はぶ》く　率《ひき》いる

やってみよう

1 〔　〕に漢字と送りがなを書きましょう。

(1) 〔あぶない〕目にあう。

(2) 損害を〔こうむる〕。

(3) 命令に〔さからう〕。

(4) 生徒を〔ひきいる〕。

(5) 〔ただちに〕集合する。

(6) 両親を〔うやまう〕。

(7) 詳細《しょうさい》を〔はぶく〕。

(8) 姿を〔あらわす〕。

(9) 〔こころよい〕風。

(10) 〔いさましい〕曲。

(11) 教師を〔こころざす〕。

(12) 事実を〔たしかめる〕。

何問できた？

12問中　　問

解答➔P.122

60 送りがなに注意する漢字②

月　日

★送りがなに注意して覚えよう！

促《うなが》す　補《おぎな》う　幼《おさな》い　企《くわだ》てる　試《こころ》みる　幸《さいわ》い

盛《さか》ん　反《そ》らす　尊《とうと》い　秘《ひ》める　催《もよお》す　委《ゆだ》ねる

1 〔　〕に漢字と送りがなを書きましょう。

(1) 実験を〔こころみる〕。

(2) 不足を〔おぎなう〕。

(3) 〔さいわい〕なこと。

(4) 〔とうとい〕命。

(5) 体を〔そらす〕。

(6) 全権を〔ゆだねる〕。

(7) 悪事を〔くわだてる〕。

(8) 〔おさない〕子供。

(9) 注意を〔うながす〕。

(10) 農業が〔さかん〕だ。

(11) 歓《かん》迎《げい》会《かい》を〔もよおす〕。

(12) 才能を〔ひめる〕。

解答→P.122

12問中　　問

2章 漢字

61 特別な読み方

ここ大事！

★特別な読み方は、そのまま覚えよう！

小豆《あずき》　田舎《いなか》　笑顔《えがお》　風邪《かぜ》　時雨《しぐれ》　老舗《しにせ》

相撲《すもう》　足袋《たび》　雪崩《なだれ》　木綿《もめん》　土産《みやげ》　行方《ゆくえ》

漢字を一字ずつ読むのではなく、二字以上の言葉全体にあてた、特別な読み方だよ。

月　日

やってみよう

1

——の漢字の特別な読み方をひらがなで書きましょう。

(1) 晩秋に時雨が降る。（　　）

(2) 風邪をひく。（　　）

(3) 雪崩が起きる。（　　）

(4) 老舗の和菓子《わがし》屋。（　　）

(5) 相撲をとる。（　　）

(6) 足袋をはく。（　　）

(7) 子犬が行方不明になる。（　　）

(8) 田舎で暮らす。（　　）

(9) 旅行の土産を買う。（　　）

(10) 小豆を煮《に》る。（　　）

(11) 笑顔で返事をする。（　　）

(12) 木綿の服を着る。（　　）

12問中　　問

何問できた？

解答 ➔ P.123

62 複数の音読みがある漢字

2章 漢字

ここ大事！

★音読み…中国の発音をもとにした読み方。
入ってきた時期や地域によって、複数の音《おん》をもつ漢字がある。

易…イ（平易《へいい》）・エキ（貿易《ぼうえき》）
拠…キョ（根拠《こんきょ》）・コ（証拠《しょうこ》）
便…ベン（便利《べんり》）・ビン（郵便《ゆうびん》）

楽…ガク（音楽《おんがく》）・ラク（行楽《こうらく》）
発…ハツ（発明《はつめい》）・ホツ（発足《ほっそく》）
有…ユウ（有益《ゆうえき》）・ウ（有無《うむ》）

月　日

やってみよう

1 ——の漢字の読みがなを書きましょう。

(1)
A 便利な道具。（　　）
B 郵便を出す。（　　）

(2)
A ロボットを発明する。（　　）
B 新団体が発足する。（　　）

(3)
A 確かな根拠を示す。（　　）
B 動かぬ証拠を見せる。（　　）

(4)
A 音楽をきく。（　　）
B 家族で行楽に出かける。（　　）

2 □に漢字を書きましょう。

(1)
A □□《へいい》な文章。
B 外国との□□《ぼうえき》。

(2)
A □□《ゆうえき》な情報。
B 在庫の□□《うむ》。

解答➜P.123

6問中　　問

何問できた？

63 複数の訓読みがある漢字

2章 漢字

ここ大事！

★訓読み…漢字を、その意味にあてはまる日本の言葉で読んだもの。

- 著　いちじる-しい／あらわ-す
- 探　さが-す／さぐ-る
- 遅　おそ-い／おく-れる
- 育　そだ-つ／はぐく-む
- 好　この-む／す-き
- 増　ふ-える／ま-す

訓読みで、漢字の「意味」がわかるね。

月　日

やってみよう

1 ――の漢字の読みがなを書きましょう。

(1)
A 辛《から》いものを好む。（　　）
B 好きな本を読む。（　　）

(2)
A 子猫《こねこ》が育つ。（　　）
B 友情を育む。（　　）

(3)
A 著しい変化。（　　）
B 小説を著す。（　　）

(4)
A スピードが遅い。（　　）
B 開始時間に遅れる。（　　）

2 〔　〕に漢字と送りがなを書きましょう。

(1)
A 人口が〔ふえる〕。
B 食欲が〔ます〕。

(2)
A 店を〔さがす〕。
B 原因を〔さぐる〕。

解答➔P.123

6問中　　問

何問できた？

64 複数の読み方がある熟語

2章 漢字

月　日

ここ大事！

☆同じ漢字の熟語でも、読み方によって違《ちが》う意味になる！

- 寒気
  - カンキ（冷たい空気）
  - さむケ（寒さを感じること）
- 色紙
  - シキシ（四角い厚紙）
  - いろがみ（色がついた紙）
- 分別
  - フンベツ（道理がわかること）
  - ブンベツ（区別すること）
- 見物
  - ケンブツ（見て楽しむこと）
  - みもの（見る価値のあるもの）
- 生物
  - セイブツ（生命をもつもの）
  - なまもの（加工していない食品）
- 目下
  - モッカ（今のところ）
  - めした（地位や年齢《ねんれい》が下の者）

やってみよう

1 ――の熟語の読みがなを、音読みの場合はかたかなで、訓読みの場合はひらがなで書きましょう。

(1)
A 色紙にサインをもらう。（　　）
B 色紙で鶴《つる》を折る。（　　）

(2)
A かぜをひいて寒気がする。（　　）
B 上空に寒気が流れこむ。（　　）

(3)
A ごみを分別する。（　　）
B 分別のある人。（　　）

(4)
A 目下検討中である。（　　）
B 目下の人に指示する。（　　）

2 次の熟語の音読みをかたかなで、訓読みをひらがなで書きましょう。

(1) 生物
音読み（　　）
訓読み（　　）

(2) 見物
音読み（　　）
訓読み（　　）

6問中　　問

何問できた？

解答 → P.123

65

2章 漢字

同音異義語

ここ大事！

★**音読みが同じで、意味が違《ちが》う熟語が「同音異義語」！**

例　ホショウ
- 保障…安全を保障する。
- 保証…身元を保証する。
- 補償…損害を補償する。

意味をつかんで、使い分けよう！

月　日

やってみよう

1 **——の熟語は、どのように書きますか。正しいほうを選び、記号で答えましょう。**

(1) 先生にシメイされて答える。（ア 使命　イ 指名）〔　〕

(2) 放課後は校庭がカイホウされる。（ア 開放　イ 解放）〔　〕

(3) サイシンの注意を払《はら》って作業する。（ア 最新　イ 細心）〔　〕

(4) この絵は、カイシンの作だ。（ア 会心　イ 改心）〔　〕

2 **□に合う漢字を、▢から選んで書きましょう。**

(1)
- A 絶好の□《き》□《かい》。
- B □《き》□《かい》工業
- C □《き》□《かい》体操

器械　機械　機会

(2)
- A 左右対□《しょう》な図形。
- B 対□《しょう》的な性格。
- C 子供対□《しょう》の調査。

照　象　称

何問できた？　6問中　　問

解答➔P.123

66 同訓異字

2章 漢字

ここ大事！

★訓読みが同じで、意味が違《ちが》う漢字が「同訓異字」！

例 あける
- 開ける…門を開ける。
- 空ける…席を空ける。
- 明ける…夜が明ける。

「開門」「空席」「明朝」など熟語で考えてみよう。

月　日

やってみよう

1 ——の語は、どのように書きますか。正しいほうを選び、記号で答えましょう。

(1) 税金をおさめる。（ア 納める　イ 収める）〔　〕

(2) 緊急《きんきゅう》の事態にそなえる。（ア 備える　イ 供える）〔　〕

(3) 問題の解決につとめる。（ア 務める　イ 努める）〔　〕

(4) 一点差で試合にやぶれる。（ア 破れる　イ 敗れる）〔　〕

2 □に合う漢字を、［　］から選んで書きましょう。

(1)
- A □《あつ》い紅茶。
- B □《あつ》い辞書。
- C □《あつ》い夏。

［熱　暑　厚］

(2)
- A 体積を□《はか》る。
- B 時間を□《はか》る。
- C 解決を□《はか》る。

［計　図　量］

解答➜P.123

6問中　　問

何問できた？

67 間違えやすい漢字①

2章 漢字

月　日

ここ大事！

★形が似ている漢字には注意が必要！

音読みが同じもの

- 側　二つの側面《そくめん》がある。
- 測　正確に測量《そくりょう》する。
- 復　家で復習《ふくしゅう》する。
- 複　複雑《ふくざつ》な図形をかく。

音読みが異なるもの

- 微　微妙《びみょう》に異なる。
- 徴　他にはない特徴《とくちょう》がある。
- 徒　徒歩《とほ》で通学する。
- 従　仕事に従事《じゅうじ》する。

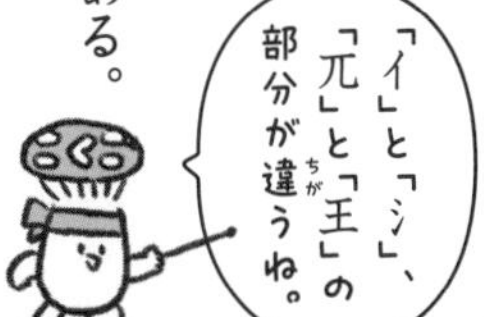

1 ——の漢字の読みがなを書きましょう。

(1)
- A 箱の側面を持つ。（　　）
- B 土地を測量する。（　　）

(2)
- A 微妙な違《ちが》い。（　　）
- B 特徴のある声。（　　）

(3)
- A 英語の復習をする。（　　）
- B 複雑な問題を解く。（　　）

(4)
- A 駅から徒歩五分の店。（　　）
- B 農業に従事する。（　　）

2 □に合う漢字を、[　] から選んで書きましょう。

(1)
- A 記［ろく］が伸《の》びる。
- B ［えん］起がよい。

[録　縁]

(2)
- A 車［りん］が回る。
- B 製品を［ゆ］出する。

[輪　輸]

6問中　　問

解答➜P.124

68

間違えやすい漢字②

月　日

1 ──の漢字は、どのように書きますか。正しいほうを選び、記号で答えましょう。

(1) 専もん家の意見を聞く。（ア 問　イ 門）［　　］

(2) 友達とぐう然出会う。（ア 偶　イ 遇）［　　］

2 ──の漢字は間《ま》違《ちが》っています。漢字の一部を書きかえて直しましょう。

例 面《めん》積《せき》を測る。　積

(1) 目《もく》漂《ひょう》を決める。　票

(2) 学級季《い》員《いん》になる。　禾

(3) 貨《し》格《かく》を取る。　貝

3 ──のかたかなの漢字を選び、記号で答えましょう。

(1) 仲間とギ論する。
ア 義　イ 犠　ウ 儀　エ 議　［　　］

(2) 文章のコウ成を考える。
ア 講　イ 購　ウ 構　エ 溝　［　　］

(3) 間違いを指テキする。
ア 摘　イ 滴　ウ 敵　エ 適　［　　］

(4) ソ末に扱《あつか》う。
ア 祖　イ 阻　ウ 粗　エ 租　［　　］

解答 ➜ P.124

9問中　　問

何問できた？

69 確認問題7

2章 漢字

うでだめし やってみよう

表裏10分!

月　日

1 〔　〕に漢字と送りがなを書きましょう。

(1) チームを〔ひきいる〕。

(2) 〔こころよい〕歌声。

(3) 説明を〔はぶく〕。

(4) 友達に〔ゆだねる〕。

(5) 発言を〔うながす〕。

(6) 損失を〔おぎなう〕。

〔各4点×6問〕

2 ――の漢字の特別な読み方をひらがなで書きましょう。

(1) 笑顔を絶やさない。

(2) 白い足袋をはく。

(3) 時雨がしとしと降る。

(4) 犯人の行方を追う。

〔各3点×4問〕

3 ――の漢字の読みがなを書きましょう。

(1)
A 有益な助言をもらう。
B 商品の有無を調べる。

(2)
A 出発時刻に遅れる。
B 朝起きるのが遅い。

〔各8点×2問〕

次ページに続くよ

前ページの続きだよ

4

——の熟語の読みがなを、音読みの場合はかたかなで、訓読みの場合はひらがなで書きましょう。

［各8点×2問］

(1)

A 花火を見物する。（　　）

B 今日の芝居《しばい》は見物だ。（　　）

(2)

A 分別のある大人になる。（　　）

B ごみの分別方法を調べる。（　　）

5

□には漢字を、〔　〕には漢字と送りがなを書きましょう。

［各12点×2問］

(1)

A 左右□□（たいしょう）にする。

B 若者が□□（たいしょう）の本。

C 二人は□□（たいしょう）的だ。

(2)

A 〔あつい〕本。

B 〔あつい〕部屋。

C 〔あつい〕お風《ふ》呂《ろ》。

6

——の漢字は、どのように書きますか。正しいほうを選び、記号で答えましょう。

［各4点×2問］

(1) 図書い員になる。（ア 委　イ 季）〔　　〕

(2) ひもがふく雑にからまる。（ア 復　イ 複）〔　　〕

解答➜P.124

点

70 筆順

2章 漢字

ここ大事！

★筆順 9つのきまり

①上から下へ 一 二 三
②左から右へ 丿 川 川
③横画が先 一 十
④中心から左右へ 亅 小 小
⑤外側が先 冂 円 同
⑥左ばらいが先 ノ 人
⑦貫《つらぬ》く縦画は最後 口 中
⑧貫く横画は最後 く 女 女
⑨「にょう」は最後 斤 近

例外も多いので、特別な筆順は覚えてしまおう！

月 日

やってみよう

1 次の漢字の↓の画は何画目に書きますか。漢数字で答えましょう。

(1) 言 〔　　〕画目
(2) 州 〔　　〕画目
(3) 水 〔　　〕画目
(4) 国 〔　　〕画目
(5) 母 〔　　〕画目
(6) 辺 〔　　〕画目

2 筆順の正しいほうを選び、記号に○をつけましょう。

(1) 業
ア 
イ 

(2) 延
ア 
イ 

❶(1)は①、(2)は②、(3)は④、(4)は⑤、(5)は⑧、(6)は⑨のきまりだよ。
❷(1)は④、(2)は⑨のきまりだね。

8問中　　問

何問できた？

解答→P.124

71 漢字の画数

2章 漢字

月　日

ここ大事！

★一つの漢字を組み立てているすべての画の数が「総画数」。

間違《まちが》えやすい画数

一画　乙　乚　及　女　号

二画　卩　了　厶　几　勹　又

三画　己　幺　子　弓　阝　辶　尸　巾　廴

やってみよう

1 次の漢字の総画数を漢数字で書きましょう。

(1) 広〔　　〕画

(2) 引〔　　〕画

(3) 医〔　　〕画

(4) 机〔　　〕画

(5) 卵〔　　〕画

(6) 道〔　　〕画

2 次の画数の漢字を二つずつ選び、記号で答えましょう。

(1) 四画〔　　〕〔　　〕

(2) 五画〔　　〕〔　　〕

(3) 九画〔　　〕〔　　〕

(4) 十二画〔　　〕〔　　〕

ア 遊　イ 区　ウ 句　エ 級

オ 発　カ 反　キ 号　ク 階

3 次の漢字と同じ画数の漢字を選び、記号で答えましょう。

(1) 屋　ア 弟　イ 係　ウ 悲　エ 妹〔　　〕

(2) 記　ア 近　イ 承　ウ 師　エ 団〔　　〕

解答➔P.124

12問中　　問

何問できた？

72

漢字の部首①

月　日

「部首」…漢字を組み立てている部分のうち基本となる部分。

次の7つに分類できる！

① へん  （字の左側）

② つくり  （字の右側）

③ かんむり  （字の上側）

④ あし  （字の下側）

⑤ たれ 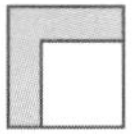 （字の上から左）

⑥ にょう  （字の左から下）

⑦ かまえ 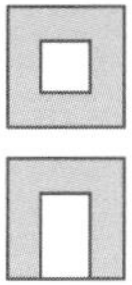 （字のまわりを囲む）

1 次の漢字の部首は、右の①～⑦のどの形ですか。番号で答えましょう。

(1) 答〔　〕　(2) 進〔　〕　(3) 郊〔　〕

(4) 原〔　〕　(5) 紙〔　〕　(6) 団〔　〕

(7) 熱〔　〕

2 次の漢字の部首を書きぬきましょう。

(1) 思 □　(2) 室 □　(3) 開 □

(4) 論 □　(5) 刻 □　(6) 建 □

(7) 庫 □　(8) 固 □　(9) 情 □

16問中　　問

解答 ➜ P.124

73 漢字の部首②

ここ大事！

★部首には一つ一つ名前がつけられている！

へん	亻（にんべん） 礻（ころもへん）
つくり	刂（りっとう） 阝（おおざと） 隹（ふるとり）
かんむり	宀（うかんむり） 癶（はつがしら）
あし	灬（れんが・れっか） 儿（ひとあし）
たれ	厂（がんだれ） 疒（やまいだれ） 广（まだれ）
にょう	辶（しんにょう・しんにゅう） 走（そうにょう）
かまえ	口（くにがまえ） 門（もんがまえ）

他にもたくさんあるよ。主なものは覚えよう！

月　日

やってみよう

1 次の漢字の部首の名前を選び、記号で答えましょう。

(1) 病〔　　〕 (2) 兄〔　　〕 (3) 利〔　　〕
(4) 複〔　　〕 (5) 送〔　　〕 (6) 関〔　　〕
(7) 菜〔　　〕

ア もんがまえ　イ ひとあし　ウ ころもへん
エ やまいだれ　オ うかんむり　カ くさかんむり
キ りっとう　ク しんにょう

2 次の部首と漢字を組み合わせて、別の漢字を作りましょう。

(1) くにがまえ＋口＝□　(2) にんべん＋本＝□
(3) そうにょう＋己＝□　(4) おおざと＋者＝□
(5) れんが＋昭＝□　(6) まだれ＋占＝□

解答→P.124

13問中　　問

何問できた？

74 漢字の部首 ③

月　日

ここ大事！

★部首には、それぞれきまった意味がある！

・「言」（ごんべん）→言葉
・「木」（きへん）→木
・「頁」（おおがい）→頭
・「灬」（れんが・れっか）→火
・「广」（まだれ）→屋根
・「辶」（しんにょう・しんにゅう）→進む
・「廴」（えんにょう）→のばす
・「囗」（くにがまえ）→囲む
・「礻」（しめすへん）→神、祭り
・「刂」（りっとう）→刀
・「宀」（うかんむり）→住居
・「皿」（さら）→器
・「疒」（やまいだれ）→病気
・「匚」（かくしがまえ）→箱

部首がわかると、何に関係した漢字なのかがわかるね。

やってみよう

1 次の漢字の部首の意味を選び、記号で答えましょう。

(1) 祈〔　〕　(2) 顔〔　〕　(3) 客〔　〕
(4) 講〔　〕　(5) 煮〔　〕　(6) 庁〔　〕
(7) 因〔　〕　(8) 延〔　〕

ア のばす　イ 頭　ウ 神、祭り　エ 屋根
オ 火　カ 住居　キ 囲む　ク 言葉

2 次の漢字に共通してつけられる部首を書きましょう。（　）は、つける部首の意味です。

(1) 客・原・川（頁）□　(2) 反・交・主（木）□
(3) 兆・告・米（進む）□　(4) 女・寸・由（住居）□

何問できた？　12問中　　問

解答➜P.125

75 漢字の成り立ち①

2章 漢字

月　日

ここ大事！

★漢字の成り立ちは、「象形・指事・会意・形声」の4種類！

・象形文字…物の形をかたどって作った文字。

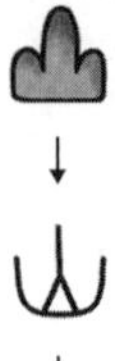
↓
山

・指事文字…形で表せない事がらを、点や線などで表した文字。

二 → 二

・一 → 上

形のあるものは象形文字、形のないものは指事文字で表したんだね！

やってみよう

1 次の漢字が、「象形文字」であればA、「指事文字」であればBと書きましょう。

(1) 手〔　　〕
(2) 川〔　　〕
(3) 末〔　　〕
(4) 馬〔　　〕
(5) 月〔　　〕
(6) 三〔　　〕
(7) 魚〔　　〕
(8) 田〔　　〕

2 次の絵からできた漢字を書きましょう。

(1)
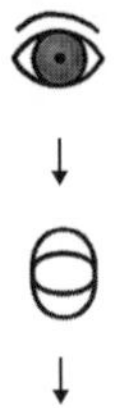
↓
□

(2)

↓
□

3 次の図が表している漢字を書きましょう。

(1)

↓
□

(2)
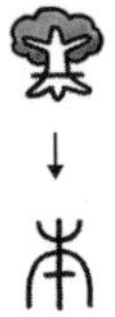
↓
□

何問できた？

12問中　　問

解答➜P.125

76

2章 漢字

漢字の成り立ち②

月　日

ここ大事！

・会意文字…二つ以上の漢字を組み合わせて、別の意味を表した文字。

日＋月→明

木＋木＋木→森

「木」がたくさんあると、「森」になるね。

やってみよう

1 次の会意文字を二つの漢字に分解しましょう。

(1) 林＝木＋□

(2) 計＝□＋十

(3) 岩＝□＋□

(4) 取＝□＋□

2 次の漢字を組み合わせてできる漢字を書きましょう。

(1) 口＋鳥→□

(2) 田＋力→□

(3) 人＋言→□

(4) 子＋系→□

(5) 火＋田→□

(6) 火＋火→□

3 次の漢字の中から会意文字を三つ選んで書きましょう。

手　多　川　名　休　魚　山　雨

□
□
□

何問できた？

11問中　　問

解答→P.125

77 漢字の成り立ち③

月　日

ここ大事！

・形声文字…「意味」を表す部分と「音《おん》」を表す部分を組み合わせた文字。

花
- 艹（草）…意味
- 化（カ）…音

持
- 寺（ジ）…音
- 扌（手）…意味

漢字を分解して、音を表しているか意味を表しているか考えよう！

やってみよう

1 次の形声文字の音を表す部分を書きぬき、その部分の読みをかたかなで書きましょう。

(1) 校　□　読み（　　）

(2) 星　□　読み（　　）

(3) 晴　□　読み（　　）

2 次の漢字を、意味を表す部分と、音を表す部分に分けて書きましょう。

(1) 時　意味□　音□

(2) 悲　意味□　音□

3 次の漢字の中から形声文字を三つ選んで書きましょう。

油　牛　想　羽　犬　坂　火　竹

□
□
□

6問中　　問

何問できた？

解答➜P.125

確認問題8

2章 漢字

うでだめし やってみよう

表裏10分!

月 日

1 次の漢字の↓の画は何画目に書きますか。漢数字で答えましょう。

［各2点×4問］

(1) 言〔　　〕画目

(2) 州〔　　〕画目

(3) 国〔　　〕画目

(4) 母〔　　〕画目

2 次の漢字の総画数を漢数字で書きましょう。

［各3点×4問］

(1) 反〔　　〕画

(2) 道〔　　〕画

(3) 号〔　　〕画

(4) 屋〔　　〕画

3 次の漢字と同じ画数の漢字を選び、記号で答えましょう。

［各4点×2問］

(1) 区〔　　〕

ア 発　イ 広　ウ 引　エ 机

(2) 級〔　　〕

ア 係　イ 妹　ウ 卵　エ 階

4 次の漢字の部首の名前を選び、記号で答えましょう。

［各4点×4問］

(1) 利〔　　〕　(2) 体〔　　〕　(3) 照〔　　〕　(4) 関〔　　〕

ア もんがまえ　イ れんが　ウ まだれ

エ りっとう　オ にんべん　カ しんにょう

次ページに続くよ

前ページの続きだよ

5

次の漢字に共通してつけられる部首を書きましょう。（　　）は、つける部首の種類です。

［各4点×4問］

(1) 女・由・玉（かんむり）□

(2) 川・原・丁（つくり）□

(3) 刀・米・告（にょう）□

(4) 主・反・黄（へん）□

6

次の漢字が、「象形文字」であればA、「指事文字」であればBと書きましょう。

［各3点×4問］

(1) 雨〔　　〕

(2) 田〔　　〕

(3) 下〔　　〕

(4) 末〔　　〕

7

次の漢字を組み合わせて会意文字・形声文字を作りましょう。

［各3点×4問］

(1) 人＋言→□

(2) 相＋心→□

(3) 山＋石→□

(4) 木＋交→□

8

次の漢字の中から会意文字と形声文字をそれぞれ二つずつ選んで書きましょう。

［各8点×2問］

月　持　三　計　休　馬　上　星

会意文字 □□

形声文字 □□

点

解答➔P.125

79 二字熟語の構成①

月　日

ここ大事！

★二字熟語は、主に7つに分類できる！

① 似た意味の字を重ねたもの　**絵画**…「絵」≒「画」

② 反対の意味の字を重ねたもの　**明暗**…「明るい」↕「暗い」

③ 上の漢字が下の漢字を修飾《しゅうしょく》するもの　**青空**…「青い空」

④ 上が動作、下が目的・対象の関係のもの　**読書**…「書を読む」

⑤ 主語・述語の関係のもの　**頭痛**…「頭が」（主語）＋「痛い」（述語）

⑥ 上に打ち消しの接頭語（不・無・未・非など）がついたもの　**無人**…「人」が「無い」（打ち消し）

⑦ 下に接尾語《せつびご》（性・然・的・化など）がついたもの　**整然**…整っている様子

1 次の熟語は、右の①～⑦のどの構成ですか。番号で答えましょう。

(1) 不安〔　　〕　(2) 曲線〔　　〕　(3) 寒冷〔　　〕

(4) 知的〔　　〕　(5) 強弱〔　　〕　(6) 国立〔　　〕

(7) 登山〔　　〕

2 次の二字熟語と同じ構成の熟語を選び、記号で答えましょう。

(1) 温暖（似た意味）

ア 人造　イ 永久　ウ 善悪　エ 高原　〔　　〕

(2) 美声（上の漢字が下の漢字を修飾）

ア 非常　イ 公私　ウ 親友　エ 強化　〔　　〕

(3) 着陸（上が動作、下が目的・対象）

ア 適性　イ 開会　ウ 河川《かせん》　エ 雷鳴《らいめい》　〔　　〕

解答→P.125

10問中　　問

80 二字熟語の構成②

月　日

1

次の構成にあてはまる二字熟語を選び、記号で答えましょう。

(1) 似た意味の字を重ねたもの 〔　〕

(2) 反対の意味の字を重ねたもの 〔　〕

(3) 上の漢字が下の漢字を修飾《しゅうしょく》するもの 〔　〕

(4) 上が動作、下が目的・対象の関係のもの 〔　〕

(5) 上に打ち消しの接頭語がついたもの 〔　〕

ア 未熟　イ 清流　ウ 多少　エ 児童　オ 消火

2

□から一字を選び、上下が似た意味の構成になる二字熟語を作りましょう。

(1) □少

(2) 下□

(3) □造

降　創　減

3

□から一字を選び、上下が反対の意味の構成になる二字熟語を作りましょう。

(1) 表□

(2) 主□

(3) □富

貧　裏　従

11問中　　問

何問できた？

解答➔P.126

81 二字熟語の構成③

3章 語句

月　日

1

次の□に「不」「無」「未」「非」から一字を選んで書き、二字熟語を作りましょう。

(1) □限　(2) □行　(3) □足　(4) □開

2

□から一字を選び、次の熟語と構成が同じ二字熟語を作りましょう。

(1) 火山（上の漢字が下の漢字を修飾《しゅうしょく》）

① □高　② 難□

最　低　問

(2) 決心（上が動作、下が目的・対象）

① □念　② 帰□

国　断　行

3

次の二字熟語の中から、他と構成が異なる熟語を一つ選び、記号で答えましょう。

(1) ア 話題　イ 作文　ウ 読書　エ 乗車　〔　　〕

(2) ア 天地　イ 和洋　ウ 植樹　エ 苦楽　〔　　〕

(3) ア 日照　イ 腹痛　ウ 県営　エ 道路　〔　　〕

(4) ア 悪化　イ 必要　ウ 劇的　エ 急性　〔　　〕

(5) ア 競争　イ 上下　ウ 暗黒　エ 言語　〔　　〕

11問中　　問

解答→P.126

三字熟語

月 日

ここ大事！

★三字熟語の構成は、主に3種類！

① 三字が対等の関係で並ぶ（○＋□＋△）
② 漢字一字＋二字熟語（●＋○○）
＊上の漢字が接頭語（不・無・未・非など）
③ 二字熟語＋漢字一字（○○＋●）
＊下の漢字が接尾語《せつびご》（性・然・的・化など）

上中下　上＋中＋下
新製品　新＋製品
非常識　非＋常識
芸術家　芸術＋家
科学的　科学＋的

やってみよう

1 次の三字熟語は、右の①～③のどの構成ですか。番号で答えましょう。

(1) 大自然（　　）
(2) 図書館（　　）
(3) 松竹梅（　　）
(4) 雪月花（　　）
(5) 自由化（　　）
(6) 無責任（　　）

2 □にあてはまる漢字を、▢から選んで書きましょう。

(1) □学期が始まる。
(2) 衣食□が整う。
(3) 可能□を探《さぐ》る。
(4) 入学□を納める。
(5) □決勝に進む。
(6) □安定な天気。

金　性　住　不　準　新

12問中　　問

何問できた？

解答➔P.126

四字熟語①

月 日

ここ大事！

★四字熟語の構成は、主に6種類！

① 四字が対等の関係で並ぶ（○＋□＋△＋◇）
春夏秋冬　春＋夏＋秋＋冬

② 似た意味の二字熟語＋二字熟語（○○≒●●）
自由自在　自由≒自在

③ 反対の意味の二字熟語＋二字熟語（○○↔●●）
質疑応答　質疑↔応答

④ 上の二字熟語が下の二字熟語にかかる（○○→●●）
日常生活　日常→生活

⑤ 反対の意味の漢字を重ねた二字熟語を二つ並べる（○●＋□■）
古今東西　（古↔今）＋（東↔西）

⑥ 同じ漢字を繰《く》り返した熟語を二つ並べる（○々＋●々）
正々堂々　正々＋堂々

上の二字と下の二字の関係に注目しよう。

1 やってみよう

次の熟語は、右の①～⑥のどの構成ですか。番号で答えましょう。

(1) 南極大陸（　　）
(2) 半信半疑（　　）
(3) 起承転結（　　）
(4) 明々白々（　　）
(5) 完全無欠（　　）
(6) 老若男女《ろうにゃくなんにょ》（　　）

2

四字が対等の関係で並ぶ四字熟語になるように、□にあてはまる漢字を　から選んで書きましょう。

(1) 東西南□
(2) 花鳥□月

風　人　万　北

何問できた？　8問中　　問

解答→P.126

84 四字熟語②

3章 語句

月　日

1 次の熟語と似た意味の二字熟語を［　］から選び、四字熟語を完成させましょう。

(1) 公明□□

(2) □□苦《く》闘《とう》

悪戦　意識　正大　対立

2 A・Bから反対の意味の二字熟語を一つずつ選び、四字熟語を二つ作りましょう。

A　有名　用意　自問

B　自答　無実　同音

□□□□

□□□□

3 次の四字熟語の意味を選び、記号で答えましょう。

(1) 意味深長（意味→深長）　〔　　〕

(2) 主客転倒（主客→転倒）　〔　　〕

(3) 大器晩成（大器→晩成）　〔　　〕

ア スケールの大きな人物は、才能が現れるのが遅《おそ》いということ。

イ 物事の軽重や大小を逆にしてしまうこと。

ウ 最初から最後まで筋が通っていること。

エ ある言葉の中に深い意味がこめられていること。

何問できた？　7問中　　問

解答➔P.126

確認問題9

うでだめしやってみよう

表裏10分!

月 日

1

次の熟語の構成を選び、記号で答えましょう。 [各5点×8問]

(1) 天地 〔　〕　(2) 適性 〔　〕　(3) 消火 〔　〕

(4) 腹痛 〔　〕　(5) 下降 〔　〕　(6) 不足 〔　〕

(7) 減少 〔　〕　(8) 親友 〔　〕

ア 似た意味の字を重ねたもの

イ 反対の意味の字を重ねたもの

ウ 上の漢字が下の漢字を修飾《しゅうしょく》するもの

エ 上が動作、下が目的・対象の関係のもの

オ 主語・述語の関係のもの

カ 上に打ち消しの接頭語がついたもの

キ 下に接尾語《せつびご》がついたもの

2

□から一字を選び、次の構成の二字熟語を作りましょう。 [各5点×2問]

(1) 上下が似た意味の構成　□冷

(2) 上下が反対の意味の構成　善□

悪　高　登
幸　寒　強

3

次の二字熟語の中から、他と構成が異なるものを一つ選び、記号で答えましょう。 [各5点×2問]

(1) ア 未熟　イ 帰国　ウ 非行　エ 無限　〔　〕

(2) ア 雷鳴《らいめい》　イ 人造　ウ 県営　エ 創造　〔　〕

次ページに続くよ

前ページの続きだよ

4

□にあてはまる漢字を、[　]から選んで書きましょう。

［各5点×4問］

(1) □決勝で負ける。

(2) 衣□住が安定する。

(3) □責任な発言はしない。

(4) 科学□に証明する。

食　準　的　無

5

次の熟語と似た意味の二字熟語を[　]から選び、四字熟語を完成させましょう。

［各5点×2問］

(1) 完全□□

(2) □□自在

美点　自由　解放　無欠

6

A・Bから反対の意味の二字熟語を一つずつ選び、四字熟語を二つ作りましょう。

［各5点×2問］

A　質疑　大器　古今　有名

B　無実　応答　南北　万別

□□□□

□□□□

解答➔P.126

点

86 慣用句①

3章 語句

月　日

ここ大事！

★「慣用句」…二つ以上の言葉が結びついて、元の意味とは異なる特別な意味を表している言葉。

A 彼《かれ》は家族の中では鼻が高いほうだ。
（実際に鼻の高さがある）
↓ふつうの言い方

B 息子《むすこ》をほめられ、父として鼻が高い。
（得意になっている様子）
↓慣用句

やってみよう

1 慣用句として使われているほうを選び、記号で答えましょう。

(1) ア 公演日を首を長くして待つ。
イ キリンは首の長い動物だ。
［　　］

(2) ア いやなことは水に流そう。
イ この紙は水に流せます。
［　　］

2 □にあてはまる体の一部を表す漢字を□から選び、慣用句を完成させましょう。（　）は、慣用句の意味です。

(1) □が広い（知り合いが多い）

(2) □を傾《かたむ》ける（熱心に聞く）

(3) □も足も出ない（どうしようもなくて困り果てる）

耳　顔　手

何問できた？　5問中　　問

解答→P.126

87 慣用句②

月　日

1

□にあてはまる動物を選び、記号で答えましょう。（　）は、慣用句の意味です。

(1) □が合う（考えや気持ちなどが合う）〔　〕

(2) □の涙《なみだ》（ほんの少しであること）〔　〕

(3) □をかぶる（本当の性質を隠《かく》して、おとなしそうにする）〔　〕

ア 猫《ねこ》　イ 牛　ウ すずめ　エ 馬　オ 犬

2

次の慣用句の意味を選び、記号で答えましょう。

(1) 手に汗《あせ》を握《にぎ》る〔　〕

(2) 一目置く〔　〕

(3) お茶を濁《にご》す〔　〕

(4) 寝《ね》耳《みみ》に水〔　〕

ア いいかげんなことを言ったりして、その場をごまかす。

イ 自分より優《すぐ》れていると認め、敬意を表す。

ウ 成り行きがどうなるかわからず、緊張《きんちょう》したり興奮したりする。

エ 思いがけないできごとに驚《おどろ》く。

3

次の意味を表す慣用句を選び、記号で答えましょう。

(1) 気を遣《つか》う必要がない。〔　〕

ア 気を配る　イ 気が置けない　ウ 気が散る

(2) むだ話などをして、仕事を怠《なま》ける。〔　〕

ア 油がのる　イ 火に油を注ぐ　ウ 油を売る

何問できた？

9問中　　問

解答 → P.126

88 ことわざ①

月　日

ここ大事！

★「ことわざ」…古くから言いならわされてきた言葉。人々の生活の知恵《ちえ》や教訓、批判や皮肉などをふくんでいる！

例 猿《さる》も木から落ちる

…木登りが得意な猿でも木から落ちることがある

←

意味 「その道にすぐれた人でも、ときには失敗することがあるものだ」

1 正しいことわざになるように、□にあてはまる言葉を選び、記号で答えましょう。

(1) 馬の耳に□　〔　　〕

(2) □は一見にしかず　〔　　〕

(3) □先は闇《やみ》　〔　　〕

(4) 二階から□　〔　　〕

ア 一寸　イ 百聞　ウ 目薬　エ 念仏

2 次のことわざの意味を選び、記号で答えましょう。

(1) 石橋をたたいて渡《わた》る　〔　　〕

(2) 立て板に水　〔　　〕

(3) 棚《たな》からぼたもち　〔　　〕

(4) 帯に短したすきに長し　〔　　〕

ア 思いがけない幸運にあうこと。

イ 中途半端《ちゅうとはんぱ》で役に立たないこと。

ウ 非常に用心深いこと。

エ すらすらと話すこと。

8問中　　問

解答➜P.127

89 ことわざ②

月　日

1 □にあてはまる漢字を［　］から選んで書きましょう。

(1) 枯《か》れ□も山のにぎわい

(2) 雨降って□固まる

(3) 上手の手から□が漏《も》れる

(4) まかぬ□は生えぬ

水　木　種　地

2 〔　〕にあてはまる言葉を［　］から選んで書きましょう。また、完成したことわざの意味をあとから選び、記号で答えましょう。

(1) 泣き面《つら》に〔　　〕　意味〔　〕

(2) 〔　　〕石をうがつ　意味〔　〕

(3) 身から出た〔　　〕　意味〔　〕

(4) おぼれる者は〔　　〕をもつかむ　意味〔　〕

〈言葉〉さび　蜂《はち》　わら　雨だれ

〈意味〉**ア** 自分の行いが原因で自分が苦しむこと。

イ 不幸や不運が重なること。

ウ 危険な目にあっている者は、どんなものでも頼《たよ》ろうとすること。

エ 少しずつでも長い間努力すれば、最後は成功すること。

何問できた？　8問中　　問

解答 ➜ P.127

90 故事成語①

3章 語句

月　日

ここ大事！

★「故事成語」…昔のできごと（故事）が元になってできた、いわれのある言葉。中国の故事からできたものが多い！

例 「矛盾《むじゅん》」

故事 → 意味

故事：昔、楚《そ》の国の商人が、どんな盾《たて》でも突《つ》き通す矛《ほこ》と、どんな矛でも防ぐ盾を同時に売ろうとした。

意味：つじつまが合わないこと。

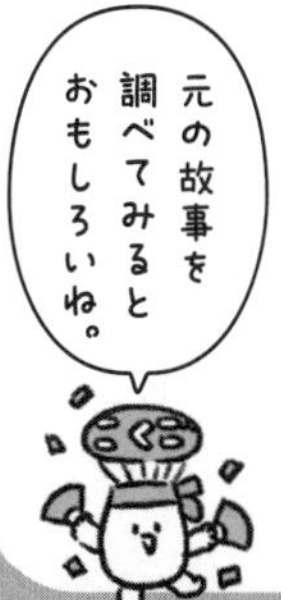

やってみよう

1 次の故事と意味に合う故事成語になるように、□にあてはまる漢字を▭から選んで書きましょう。

(1) 蛍《けい》□の功

（故事 昔の中国の人が、貧しさに負けずに蛍《ほたる》の光や雪明りで勉強した

↓意味 苦労して勉強した成果）

(2) 温□知新

（故事 昔の中国の学者が弟子たちに「故《ふるき》を温《たず》ね、新しきを知る」と言った

↓意味 昔のことを見直すことで、新しい知識を得ること）

(3) 他山の□

（故事 よその山から出た質の悪い石でも、自分の宝石を磨《みが》くのに役立つ

↓意味 他人の言動を自分の成長に役立てること）

石　故　助　雪

3問中　　問

何問できた？

解答➔P.127

月　日

1

次の故事成語の意味を選び、記号で答えましょう。

(1) 五十歩百歩〔　　〕　(2) 漁夫の利〔　　〕

(3) 背水の陣《じん》〔　　〕

ア 両者が争っているすきに、ほかの人が利益を横取りすること。

イ せっぱつまった状態で、全力で事にあたること。

ウ 違《ちが》うように見えても、実際はほとんど変わらないこと。

2

□にあてはまる漢数字を［　］から選んで入れ、故事成語を完成させましょう。（　）は、故事成語の意味です。

(1) □面楚《そ》歌（周りが敵ばかりであること）

(2) □炊《すい》の夢（栄華《えいが》を極《きわ》めても、人生ははかないものであること）

(3) 朝□暮《ぼ》四（目の前の違いにこだわり、結果が同じになることに気づかないこと）

［一　三　四］

3

次の――線部の故事成語の使い方が正しいものには○、間違《まちが》っているものには×を書きましょう。

(1) 新人歌手の登竜門《とうりゅうもん》とされるコンクールで、みごと優勝した。〔　　〕

(2) 余計なことを言って友達を怒《おこ》らせてしまった。最後の一言は蛇足《だそく》だったようだ。〔　　〕

(3) あの二人はいつもけんかばかりしている。まさに、水魚《すいぎょ》の交わりだね。〔　　〕

何問できた？

9問中　　問

解答➜P.127

対義語①

ここ大事！

★「対義語」…対立する意味を表す言葉！

① 対になる一字
② 二字熟語の一字が異なる
③ 二字とも異なる熟語
④ 打ち消しの接頭語がつく

上↔下　高↔低
長所↔短所　右手↔左手
強大↔弱小　自分↔他人
安心↔不安　公式↔非公式

②は、二字のうち一字が対立しているんだね！

月　日

やってみよう

1 次の漢字と反対の意味の漢字を一字で書きましょう。

(1) 多 ↕ □
(2) 出 ↕ □
(3) 軽 ↕ □
(4) 往 ↕ □
(5) 公 ↕ □
(6) 増 ↕ □

2 次の熟語の対義語を選び、記号で答えましょう。

(1) 到着《とうちゃく》
ア 着陸　イ 出発　ウ 結末　エ 発車　〔　　〕

(2) 成功
ア 休息　イ 正解　ウ 完成　エ 失敗　〔　　〕

(3) 原因
ア 結果　イ 敗北　ウ 最後　エ 進退　〔　　〕

解答→P.127

9問中　　問

何問できた？

93 対義語②

月　日

1 次の熟語の対義語を選び、記号で答えましょう。

(1) 直接〔　　〕　(2) 安全〔　　〕　(3) 起立〔　　〕

(4) 義務〔　　〕　(5) 拡大〔　　〕　(6) 解散〔　　〕

ア 縮小　イ 着席　ウ 混乱　エ 集合

オ 間接　カ 難解　キ 危険　ク 権利

2 次の熟語の対義語になるように、□にあてはまる漢字を書きましょう。

(1) 草食 ↔ □《にく》食　(2) 主観 ↔ □《きゃっ》観

(3) 曲線 ↔ □《ちょく》線　(4) 消極 ↔ □《せっ》極

(5) 偶然《ぐうぜん》 ↔ □《ひっ》然　(6) 可決 ↔ □《ひ》決

3 次の熟語の対義語になるように、□にあてはまる漢字を［　］から選んで書きましょう。

(1) 生産 ↔ □費　(2) 需要《じゅよう》 ↔ 供□

(3) 終了《しゅうりょう》 ↔ 開□　(4) 許可 ↔ □止

(5) 収入 ↔ □出　(6) 形式 ↔ 内□

［ 禁　始　支　容　給　消 ］

何問できた？

18問中　　問

解答 → P.127

94 類義語①

3章 語句

月　日

ここ大事！

★「類義語」…よく似た意味を表す言葉。微妙《びみょう》な違《ちが》いに注意が必要！

「希望」「志望」…こうしたい、こうなりたいと望むこと。

① 私は、入学を□した高校に合格した。

↓「希望」「志望」どちらも○。

② 妹の□で、夕飯はオムライスになった。

↓「希望」は○、「志望」は×。

やってみよう

1 次の――の言葉の類義語を選び、記号で答えましょう。

(1) かぜをひかないように注意する。
(2) 私の長所は、いつでも前向きなところだ。
(3) 彼《かれ》の意見に同意する。
(4) 真面目に勉強しようと決心する。

ア 美点　イ 賛成　ウ 決意　エ 用心

(1)［　］ (2)［　］ (3)［　］ (4)［　］

2 次の熟語の類義語を選び、記号で答えましょう。

(1) 失意
ア 意見　イ 失礼　ウ 失望　エ 損害

(2) 進歩
ア 向上　イ 改心　ウ 行動　エ 発見

(3) 祖国
ア 他国　イ 故国　ウ 外国　エ 隣国《りんごく》

(4) 消息
ア 消化　イ 休息　ウ 寒冷　エ 音信

(1)［　］ (2)［　］ (3)［　］ (4)［　］

何問できた？　8問中　　問

解答→P.127

95 類義語②

月　日

1 次の熟語が類義語になるように、（　）に共通してあてはまる漢字を[　]から選んで書きましょう。

(1) 宿（　）　運（　）　□

(2) 材（　）　原（　）　□

(3) （　）善　（　）良　□

改	以	命	料

2 次の熟語の類義語になるように、□にあてはまる漢字を書きましょう。

(1) 案外＝□《い》外

(2) 永久＝永□《えん》

(3) 天候＝天□《き》

(4) 大切＝大□《じ》

(5) 企画＝□《けい》画

(6) 苦心＝苦□《ろう》

3 次の熟語の類義語になるように、□にあてはまる漢字を[　]から選んで書きましょう。

(1) 興味＝□心

(2) 方法＝□段

(3) 立身＝出□

(4) 用意＝□備

(5) 安全＝□事

(6) 留守＝□在

無	世
不	準
手	関

何問できた？　15問中　　問

解答→P.127

96

3章 語句

確認問題10

うでだめし やってみよう

表裏 10分!

月　日

1

□に体の一部を表す漢字一字を入れて、慣用句を完成させましょう。（　）は、慣用句の意味です。

［各5点×3問］

(1) □が広い（知り合いが多い）

(2) □が高い（得意になっている）

(3) □を長くする（今か今かと待ちこがれる）

2

正しいことわざになるように、□にあてはまる言葉を選び、記号で答えましょう。

［各5点×3問］

(1) 身から出た□　（　）

(2) □をたたいて渡《わた》る　（　）

(3) 馬の耳に□　（　）

ア 百聞　イ 石橋　ウ 念仏　エ さび

3

次の慣用句やことわざの意味を選び、記号で答えましょう。

［各5点×4問］

(1) 気が置けない　（　）

(2) 水に流す　（　）

(3) 泣き面《つら》に蜂《はち》　（　）

(4) 棚《たな》からぼたもち　（　）

ア 不幸や不運が重なること。

イ 過去のいやなことをなかったことにする。

ウ 気を遣《つか》う必要がない。

エ 思いがけない幸運にあうこと。

次ページに続くよ

◀

前ページの続きだよ

4 □にあてはまる漢字を[　]から選んで書き、故事成語を完成させましょう。（　）は、故事成語の意味です。

［各5点×2問］

(1) 温□知新（昔のことを見直すことで、新しい知識を得ること）

(2) 他山の□（他人の言動を自分の成長に役立てること）

石　利　故

5 次の熟語の対義語を[　]から選び、漢字で書きましょう。

［各5点×4問］

(1) 許可 ↕ □□

(2) 主観 ↕ □□

(3) 消極 ↕ □□

(4) 終了《しゅうりょう》 ↕ □□

きゃっかん　せっきょく　きんし　かいし

6 次の——の言葉の類義語を選び、記号で答えましょう。

［各5点×4問］

(1) 彼《かれ》の長所は、いつもほがらかなところだ。〔　　〕

(2) 姉の意見に同意する。〔　　〕

(3) 祖母からもらったハンカチを大切にする。〔　　〕

(4) 音楽に興味をもつ。〔　　〕

ア 美点　イ 大事　ウ 関心　エ 賛成

解答➜P.128

点

97 まとめテスト①

最後の仕上げ!

表裏10分!

月　日

1 次の(1)~(3)は文節の切れ目に「／」を、(4)~(6)は単語の切れ目に「｜」を入れましょう。[各3点×6問]

(1) 私と姉は母を手伝った。

(2) 全員で合唱の練習をする。

(3) ばらの花束がきれいだ。

(4) ベンチの前に池がある。

(5) 近くの学校の文化祭へ行く。

(6) 友達に誕《たん》生《じょう》日《び》のプレゼントを渡《わた》す。

2 次の文の主語と述語をそれぞれ一文節で書きぬきましょう。[各7点×3問]

(1) 高い　ビルが　ようやく　完成する。

主語［　　］　述語［　　］

(2) 公園には　ごみが　ほとんど　ない。

主語［　　］　述語［　　］

(3) 先生の　言葉が　心に　響《ひび》く。

主語［　　］　述語［　　］

次ページに続くよ

前ページの続きだよ

3

次の――線部の連文節は、どんな文の成分になっていますか。下から選び、記号で答えましょう。

［各3点×5問］

(1) 道に 迷ったので、 交番で たずねた。〔　　〕

(2) 一面の コスモス畑、 のどかな 風景だ。〔　　〕

(3) 冷たい 風が 窓から 吹《ふ》きこむ。〔　　〕

(4) 私は 祖母の 健康を 祈《いの》った。〔　　〕

(5) 野菜の クラッカーを 食べて みる。〔　　〕

ア 主部
イ 述部
ウ 修飾部《しゅうしょくぶ》
エ 接続部
オ 独立部

4

次の文について、――線部が自立語なら「自」、付属語なら「付」を〔　〕に書きましょう。

［各8点×2問］

(1) 楽しい〔　〕 一日〔　〕 を〔　〕 過ごす〔　〕。

(2) 難しい〔　〕 パズル〔　〕 に〔　〕 挑戦《ちょうせん》する〔　〕。

5

次の文章の――線部①～⑩の品詞名として正しいものをあとから選び、記号で答えましょう。

［各3点×10問］

ぼくの ①父 は、 ②あらゆる 物 ③を 修理する。 先日は、 ④不安定な いすの脚《あし》を ⑤直し、 座《すわ》る面も張り替《か》え ⑥た。 ⑦すると、 母が「⑧まあ、 ⑨まるで ⑩新しい いすみたい。」と感心した。

ア 動詞　イ 形容詞　ウ 形容動詞　エ 名詞　オ 副詞
カ 連体詞　キ 接続詞　ク 感動詞　ケ 助動詞　コ 助詞

①〔　　〕 ②〔　　〕 ③〔　　〕 ④〔　　〕
⑤〔　　〕 ⑥〔　　〕 ⑦〔　　〕 ⑧〔　　〕
⑨〔　　〕 ⑩〔　　〕

解答→P.128

点

何点とれた？

98 まとめテスト②

最後の仕上げ！

表裏10分！

月　日

1 ――の漢字の読みがなを書きましょう。

［各3点×4問］

(1) 荷物を床に置く。（　　）

(2) 天を仰ぐ。（　　）

(3) 素朴な生活を送る。（　　）

(4) 医者を志す。（　　）

2 □には漢字を、（　）には漢字と送りがなを書きましょう。

［各4点×4問］

(1) □（うで）を振《ふ》る。

(2) 絶景を（　　）（ながめる）。

(3) □□（ぼうけん）の旅に出る。

(4) 脱出《だっしゅつ》を（　　）（こころみる）。

3 ――の漢字の特別な読み方をひらがなで書きましょう。

［各3点×2問］

(1) お土産をもらう。（　　）

(2) 田舎に帰る。（　　）

4 □に漢字を書きましょう。

［各8点×2問］

(1)
A □□（こんきょ）を述べる。
B □□（しょうこ）を出す。

(2)
A 仕事を（　　）（さがす）。
B 様子を（　　）（さぐる）。

次ページに続くよ

5 ――の言葉は、どのように書きますか。正しいほうを選び、記号で答えましょう。 〔各3点×2問〕

(1) 教室の窓をカイホウする。（ア 開放　イ 解放） 〔　　〕

(2) 災害にそなえる。（ア 備える　イ 供える） 〔　　〕

6 □に合う漢字を、［　］から選んで書きましょう。 〔各4点×2問〕

(1) 目□《ひょう》に向かって努力する。

(2) 百メートル走の記□《ろく》をはかる。

［漂・標］　［録・縁］

7 次の漢字の総画数を漢数字で書きましょう。 〔各4点×2問〕

(1) 引〔　　〕画　(2) 卵〔　　〕画

8 次の部首と漢字を組み合わせて、別の漢字を作りましょう。 〔各4点×4問〕

(1) うかんむり ＋ 各 ＝ □

(2) まだれ ＋ 車 ＝ □

(3) くにがまえ ＋ 古 ＝ □

(4) れんが ＋ 者 ＝ □

9 次の漢字の中から会意文字と形声文字をそれぞれ二つずつ選んで書きましょう。 〔各6点×2問〕

晴　下　孫　悲　手　男　本　月

会意文字 □ □

形声文字 □ □

点　何点とれた？

99 まとめテスト③

最後の仕上げ！

表裏10分！

月　日

1 次の二字熟語と同じ構成の熟語を選び、記号で答えましょう。［各5点×2問］

(1) 強弱　ア 寒冷　イ 美声　ウ 善悪　エ 登山　〔　　〕

(2) 不安　ア 知的　イ 永久　ウ 公私　エ 非常　〔　　〕

2 ［　］から一字を選び、三字熟語を作りましょう。［各5点×4問］

(1) 可能□　(2) □責任　(3) 自由□　(4) □常識

化　性　無　非

3 次の熟語と、(1)は似た意味の二字熟語、(2)は反対の意味の二字熟語を［　］から選び、四字熟語を完成させましょう。［各5点×2問］

(1) 公明□□　(2) □□自答

自問　自画　正大　応変

4 □にあてはまる言葉を選び、記号で答えましょう。（　）は、慣用句の意味です。［各5点×2問］

(1) □を傾《かたむ》ける（熱心に聞く）〔　　〕

(2) □をかぶる（本当の性質を隠《かく》して、おとなしそうにする）〔　　〕

ア 馬　イ 耳　ウ 猫《ねこ》　エ 手

次ページに続くよ

◀ 前ページの続きだよ

5

□にあてはまる漢字を［　］から選び、ことわざを完成させましょう。（　）は、ことわざの意味です。

［各5点×2問］

(1) 立て板に□（すらすらと話すこと）

(2) 雨降って□固まる（悪いことが起こった後、かえってよい状態になること）

地	木
水	山

6

□に漢数字を入れて、故事成語を完成させましょう。（　）は、故事成語の意味です。

［各5点×2問］

(1) □面楚《そ》歌（周りが敵ばかりであること）

(2) 五十歩□歩（違《ちが》うように見えても、実際はほとんど変わらないこと）

7

(1)の熟語の対義語、(2)の熟語の類義語を選び、記号で答えましょう。

［各5点×2問］

(1) 安全
ア 危険　イ 安心　ウ 勇《ゆう》敢《かん》　エ 順調　〔　　〕

(2) 用意
ア 注意　イ 出発　ウ 集合　エ 準備　〔　　〕

8

次の熟語の対義語・類義語になるように、□にあてはまる漢字を書きましょう。

［各5点×4問］

(1) 偶《ぐう》然《ぜん》 ↔ □然

(2) 生産 ↔ □費

(3) 永久 ＝ □遠

(4) 方法 ＝ □段

解答 ➜ P.128

点

解答編

1章　文法　言葉のまとまり

1　文章・段落・文①

❶ ①ア　②ウ　③イ

2　文章・段落・文②

❶ (1) 八
(2) 段落…犬のし・上向き
散歩中・しっぽ　（順不同）
数…四

やりがちミス！

「。」（句点）だけ数えて、文の数を「六」と答えない！

3　文節・単語

❶ （上から）文節　単語

❷ (1) ①イ　②ア
(2) ①ア　②イ
(3) ①イ　②ア

解き方

❷「文節」をさらに細かく分けた、最も小さい単位が「単語」。

4　文節の分け方①

❶ (1) 姉は ネ テニス部の ネ キャプテンだ。ネ
(2) パンダは ネ 竹や ネ ささを ネ 食べる。ネ
(3) 水そうの ネ 中に ネ 熱帯魚が ネ いる。ネ
(4) 今年の ネ 夏は ネ 去年より ネ 暑い。ネ

❷ (1) イ　(2) ア

5　文節の分け方②

❶ (1) 今朝の／風は／さわやかだ。
(2) 父が／車を／洗う。
(3) 誕生日の／プレゼントを／選ぶ。
(4) この／料理は／とても／おいしい。

❷ (1) 花だんの／チューリップが／咲く。
(2) 兄が／友達と／野球を／する。
(3) その／問題は／ぼくには／難しい。
(4) ぼくは／おばあさんに／席を／ゆずる。

6　文節の分け方③

❶ (1) 赤ちゃんが／急に／泣き出す。
(2) 友達の／意見を／聞いて／みる。
(3) 弟が／ご飯を／食べ終わる。
(4) 母は／本を／読んで／いる。

❷ (1) イ　(2) ア

解き方

❶(2)(4)「聞いてみる」「読んでいる」で一文節にしないよう、気をつける。

7　単語の分け方①

❶ (1) イ　(2) ア

❷ (1) コップ／に／ジュース／を／注ぐ。
(2) 家／の／外／は／まだ／暗い。
(3) 目的地／へ／自転車／で／行く。

8　単語の分け方②

❶ (1) ア　(2) イ　(3) イ　(4) ア

❷ (1) 公園／で／幼児／が／遊ぶ。
(2) 母／に／絵本／を／読ん／で／もらう。
(3) 彼／の／発表／は／いつも／すばらしい。
(4) 重い／荷物／を／一人／で／運ん／で／くる。

(5) 理科／の／実験／の／記録／を／書い／て／おく。

解き方
❷(2)「読んでもらう」、(4)「運んでくる」、(5)「書いておく」は、全て「～て(で)～」の形で、三単語。

⑨ 確認問題1

❶ (1) 六
(2) 段落…青空に・これは・このよ（順不同）
数…三

❷ (1) ①ア ②イ
(2) ①ア ②イ

❸ (1) 文節 イ 単語 ウ
(2) 文節 イ 単語 ウ

❹ (1) (文節)クラスの／全員で／相談を／する。
(単語)クラス／の／全員／で／相談／を／する。
(2) (文節)商店街で／果物と／野菜を／買う。
(単語)商店街／で／果物／と／野菜／を／買う。
(3) (文節)水平線に／大きな／夕日が／沈む。
(単語)水平線／に／大きな／夕日／が／沈む。
(4) (文節)今日の／できごとを／日記に／書いて／おく。
(単語)今日／の／できごと／を／日記／に／書い／て／おく。

解き方
❸(2)「捨てておく」は、二つの文節、三つの単語に分けられる。

10 主・述の関係①

❶ (1) イ (2) エ (3) ア (4) ウ

ここも大事!
(1)の「きれいだ」は「どんなだ」、(4)の「中学生だ」「仲間だ」は「何だ」にあたる。同じ「～だ」という形でも型が異なるので、意味をしっかりとらえよう。

11 主・述の関係②

❶ (1) 向こうの 大きな 建物が 市役所だ。
(2) 彼が わが校の 生徒会長に ふさわしい。
(3) 私たちの 班は 自動車工場を 見学する。
(4) 会場には 観客が たくさん いる。

❷ (1) 主語…友達が 述語…くれた
(2) 主語…虹が 述語…かかる
(3) 主語…プールは 述語…ある
(4) 主語…笑顔は 述語…まぶしい

解き方
❶(4)「会場には」は主語ではないので注意する。「いる」のは「何か」と考える。

やりがちミス!
❷(4)の「明るい」は「笑顔《えがお》」を詳《くわ》しく説明している言葉で、述語ではないので注意しよう。

12 修飾・被修飾の関係①

❶ (1) 帽子を (2) 暖かい (3) 父は (4) やる (5) 着る

解き方
❶(1) 修飾語《しゅうしょくご》は、必ず直後の文節にかかるとは限ら

ないので注意する。この文では、「大きな」も「白い」も「帽子《ぼうし》を」の修飾語である。

13 修飾・被修飾の関係②

1
(1) 強い 日差しから 目を 守る。
(2) 全校の 生徒に アンケートを 配る。
(3) 親切な 少年は にっこり ほほえんだ。
(4) クラスの 伴奏者が ピアノを ひく。

2
(1) 集まる (2) 見た (3) 答える
(4) 問題に

14 修飾・被修飾の関係③

1
(1) ア (2) イ (3) イ (4) ア

2
(1) ① 部屋を ② かたづける
(2) ① 話を ② 聞く

やりがちミス!

1 (3)「きらきらの」なら「宝石が」にかかる連体修飾語《しゅうしょくご》だが、「きらきらと」は「輝《かがや》く」様子を詳《くわ》しく説明しているので、連用修飾語。

15 接続の関係①

1
(1) けれど (2) 背のびすると
(3) 静かなので (4) がんばったが
(5) だから (6) すると

16 接続の関係②

1
(1) イ (2) ウ (3) ア

2
(1) (例)頭が痛いので
(2) (例)努力したが

解き方

2 (1)は「理由」、(2)は「逆接」を表していれば正解。

ここも大事!

1 ア「すると」は、続いて起こる事がらを導くよ。イ「だから」は、前の事がらが理由になる。区別しよう。

17 独立の関係

1
(1) 独立語 おお 種類 ア
(2) 独立語 こんにちは 種類 エ
(3) 独立語 もしもし 種類 イ
(4) 独立語 ナイチンゲール 種類 オ
(5) 独立語 うん 種類 ウ

やりがちミス!

(1)の「おお」は、「呼びかけ」ではない。自分の感情の動きを表しているので、「感動」。「呼びかけ」は、(3)「もしもし」のように、相手に向ける言葉だよ。

18 確認問題2

1
(1) 主語 明かりが 述語 消える
(2) 主語 本は 述語 ない
(3) 主語 カレーは 述語 おいしい

2
(1) イ (2) ア (3) ア (4) イ (5) イ

3
(1) 接続語 植えると 関係 ウ
(2) 接続語 呼んだが 関係 ア
(3) 接続語 しかし 関係 ア
(4) 接続語 つかれたので 関係 イ

4
(1) 独立語 いや 種類 ウ
(2) 独立語 友達 種類 オ
(3) 独立語 へえ 種類 ア
(4) 独立語 ねえ 種類 イ
(5) 独立語 ありがとう 種類 エ

やりがちミス!

1 (2)の「上には」は、主語ではない。「どこに」を表し、「ない」を修飾《しゅうしょく》する文節だよ。

解き方

❷ 用言を修飾しているか、体言を修飾しているかで考える。

19 連文節 主部・述部

❶ (1) ア (2) イ (3) イ (4) ア

❷ (1) 笑って いる (2) 今日の 海は (3) のどかな 景色が (4) ぼくの 弟です

20 連文節 修飾部・接続部・独立部

❶ (1) イ (2) ウ (3) ア

❷ (1) 新しい 技に (2) 春に なったので (3) ステーキと ハンバーグ

解き方

❷ (1) 「新しい 技《わざ》に」がひとまとまりで「挑戦《ちょうせん》する」を修飾《しゅうしょく》している。

21 連文節 並立の関係①

❶ (1) 月と 星が 見える。

(2) 彼女は 優しくて 親切だ。

(3) ゆっくり 丁寧に 作ろう。

(4) つらくて 苦しいが、 投げ出さない。

(5) イギリスと フランス、 どちらにも 行きたい。

22 連文節 並立の関係②

❶ (1) イ・ウ (2) ア・イ (3) ウ・エ (4) ア・イ (5) ア・イ (各順不同)

❷ (1) エ (2) イ (3) ア (4) ウ (5) オ

解き方

❶ 入れ替《か》えても意味が変わらない二文節をさがす。

❷ (1) 理由を表す接続部。

(4) 「安全で 静かな」がひとまとまりで、「場所を」を修飾《しゅうしょく》している。

23 連文節 補助の関係①

❶ (1) いる (2) みるのは (3) あげる (4) もらう (5) いるのは

24 連文節 補助の関係②

❶ (1) 家では 猫を 飼って いる。

(2) 置いて あるのは、 私の 本だ。

(3) 話して みると、 楽しかった。

(4) 買って くれた 人に 渡す。

❷ (1) ア (2) エ (3) イ (4) ウ

やりがちミス！

❷ (4)「遊んでいる」は、「述部」ではない。「妹を」を修飾《しゅうしょく》しているので、「修飾部」だよ。

25 確認問題 3

❶ (1) ウ (2) エ (3) ア (4) オ (5) イ

❷ (1) 七色の 虹が 見える。

(2) 歴史を 学んで いる。

(3) 白い ハンカチを 洗う。

(4) 早く 目覚めたが、 再び 眠った。

(5) 陸上部か 野球部、 どちらかに 入りたい。

❸ (1) ア (2) オ (3) イ (4) ウ (5) エ

❹ (1) 調べて みる (2) つかれて いるので (3) 貸して くれた (4) まちがえて しまう (5) 読んで いるのは

解き方

❸ (5) 「質問に 答える。」+「すると」という意味で、条件を表す接続部になっている。

26 自立語と付属語①

1
(1) 私 は 牛乳 を 飲む。
(2) ぼく は 学校 へ 行く。
(3) 兄 が 自転車 に 乗る。
(4) 祖母 が ゆっくり 話す。
(5) クッキー を たくさん 買う。

ここも大事!

1 (4)「ゆっくり」、(5)「たくさん」は、それだけで意味がはっきりわかるから、「自立語」だよ。

27 自立語と付属語②

1
(1) にぎやかな 時間 が 終わる。
(2) きみ の 力 は とても 強い。
(3) サッカー の 練習 を する。
(4) 香り が 部屋 に 広がる。

2
(1) （自）（自）（付）（自）
険しい 山道 を 歩く。
(2) （自）（自）（付）（自）
新しい ゲーム で 遊ぶ。
(3) （自）（付）（自）（付）（自）
彼女 の 家 を 訪ねる。
(4) （自）（付）（自）（付）（自）
展覧会 に 油絵 を 出品する。

28 活用する単語と活用しない単語①

1
(1) (上から)か・き
(2) (上から)わ・い
(3) (上から)く・けれ
(4) な

29 活用する単語と活用しない単語②

1
(1) ア (2) ア (3) イ (4) ア (5) イ

2
(1) すずめ が チュンチュンと 鳴く。
(2) 観葉植物 に 水 を やる。
(3) 夕焼け が とても きれいだ。
(4) 弟 が 青い 自転車 に 乗る。
(5) 歌手 の きらびやかな 衣装 が 目立つ。

解き方

1 (4)「静かだろう」「静かだった」「静かでない」「静かにする」などと活用する。

ここも大事!

2 文末でない単語にも注意しよう。(4)「青くない」、(5)「きらびやかでない」のように、「ない」を付けて形が変わるものは、活用する単語だよ。

30 用言と体言

1
(1) おおらかだ (2) 泣く (3) 広い
(4) しずむ (5) はなやかだ

2
① 用言 イ・ウ・エ・カ・ク
② 体言 ア・オ・キ(各順不同)

解き方

1 活用して、単独で述語になれる単語をさがす。それぞれの文の述語が用言になっている。

31 品詞分類①

1
(1) イ・オ・ク(順不同)・キ
(2) ウ (3) エ (4) (上から)ア・カ

解き方

1 迷ったときは、31の「ここ大事!」の表を見ながら、品詞の確認をする。

32 品詞分類②

1 ①(上から)ア・イ・ア
②(上から)イ・イ
③(上から)ア・ア・イ

2 (1) 体言(名詞)ア　用言(動詞)ウ
活用しない付属語(助詞)イ
活用する付属語(助動詞)エ
(2) 体言(名詞)ア　用言(動詞)ウ
活用しない付属語(助詞)イ
活用する付属語(助動詞)エ

33 品詞分類③

1 (1) 動詞　(2) 形容詞　(3) 形容動詞

2 (1) ○　(2) ×　(3) ○

解き方

1 (3) 言い切りの形が「あざやかだ」なので、形容動詞。

2 (2) 言い切りの形が「きれいだ」なので、形容動詞。

ここも大事!

「大きな」「小さな」は、「大きい」「小さい」などの形容詞と混同しやすいが、形容詞は「〜な」という活用はしない。覚えておこう。(「大きな」「小さな」は、p46「42 連体詞」を見よう。)

34 品詞分類④

1 (1) ①イ　②エ　③イ　④ア
(2) ①ウ　②イ　③ア　④オ

解き方

1 (1) ①「ゆっくり」は「歩く」という用言を、③「かなり」は「かかる」という用言を修飾《しゅうしょく》しているので、どちらも副詞。②「だから」は、前後の文をつないでいるので、接続詞。

(2) ①「ある」は「日」という体言(名詞)を修飾しているので、連体詞。④「さようなら」は、挨拶《あいさつ》を表す感動詞。

35 品詞分類⑤

1 (1) 記号 ウ　品詞名 形容詞
(2) 記号 ア　品詞名 形容動詞
(3) 記号 ウ　品詞名 感動詞

2 ①エ　②コ　③イ　④ア　⑤ケ
⑥オ　⑦ウ

解き方

1 (1) ア・イ・エは動詞。
(2) イ・ウ・エは形容詞。
(3) ア・イ・エは接続詞。

やりがちミス!

2 ③「赤い」をウ「形容動詞」、⑦「きれいだ」をイ「形容詞」と答えない。状態や性質を表し、「〜い」で終わるものが「形容詞」、状態や性質を表し、「〜だ」「〜です」で終わるものが「形容動詞」だよ。

36 確認問題4

1 ①オ　②カ　③ウ　④ア　⑤キ
⑥エ　⑦イ

2 (1) 体言(名詞)ア　用言(動詞)ウ
活用しない付属語(助詞)イ
活用する付属語(助動詞)エ
(2) 体言(名詞)ア　用言(動詞)ウ
活用しない付属語(助詞)イ
活用する付属語(助動詞)エ

3 (1) 記号 イ　品詞名 形容動詞
(2) 記号 ウ　品詞名 形容詞

4 ①エ　②コ　③オ　④カ　⑤イ
⑥ケ　⑦キ　⑧ク　⑨ウ　⑩ア

解き方

3 (1) ア・ウ・エは形容詞。
(2) ア・イ・エは動詞。

4 ④「あらゆる」は「種類」という体言(名詞)を修飾《しゅうしょく》し、活用しないので、連体詞。⑨は言い切りの形が「静かだ」なので、形容動詞。

37 名詞①

1
(1) 彼 に たずねる こと が ある。
(2) ここ から 島 が 見える。
(3) 妹 の 名前 は 美紀 です。
(4) それ は 日本 で 三番目 に 高い 山 です。

ここも大事!

❶(1)「彼」は人を指し示す人称《にんしょう》代名詞で、(2)「ここ」、(4)「それ」は事がらや場所を指し示す指示代名詞だよ。

38 名詞②

1
(1) あれが ほしいので 取って ください。・オ
(2) うれしい ことが あった。・エ
(3) 三個 買いたかったが、買えなかった。・ウ
(4) 田中さんが やさしく 注意する。・イ
(5) 台風に 備えて 片づける。・ア

2
(1) イ (2) ア (3) イ (4) エ

解き方

❷
(1) イは、数詞。他は、普通名詞。
(2) アは固有名詞。他は、代名詞。
(3) イは固有名詞。他は、数詞。
(4) エは代名詞。他は、普通名詞。

39 指示する語句（こそあど言葉）①

1
(1) あなたが 通って いるのは あの 学校ですか。
(2) こんな 景色は 二度と 見られないだろう。
(3) あなたが 好きなのは どっちですか。
(4) あちらに いらっしゃるのが、数学の 先生です。
(5) それを もっと よく 見せて ください。

ここも大事!

「事がらを指し示す言葉」

「こそあど言葉」の他に、「以上の／以下の」「上記の／下記の」「前者／後者」などの言葉を使うこともあるよ。

40 指示する語句（こそあど言葉）②

1
(1) 赤いペン (2) 7月下旬 (3) 白い建物

2
(右から)ウ・ア・イ

解き方

❶
(1)「机の上の赤いペン」でもよい。
(2)「梅雨があける7月下旬」でもよい。
(3)「坂の上の白い建物」でもよい。

41 副詞

1
(1) のぞく (2) 静かな (3) 驚くだろう

2
(1) 春風が そよそよと 野原に 吹く。
(種類) ア
(2) たとえ 雨が 降っても 参加します。
(種類) ウ
(3) 祖父は かなり 器用な 人です。
(種類) イ

解き方

❷ (2) 「たとえ〜ても(でも)」で決まった言い方になる。

42 連体詞

❶
(1) どの 本を 借りますか。
(2) 公園で 小さな 子供たちと 遊ぶ。
(3) とんだ 事件に 発展する。
(4) 警察は、 いかなる 不正も 許さない。
(5) あらゆる 事情を 考慮する。

❷
(1) イ (2) ア (3) イ

やりがちミス!

❷ (3) ア「これ」は「連体詞」ではない。主語になっているから「代名詞」。「連体詞」は主語にはならないよ。

43 接続詞

❶
(1) 毎日練習を続けた。すると、記録がのびた。
(2) 友達に電話してみた。ところが、出なかった。
(3) この記事は研究に役立つ。しかも、おもしろい。
(4) 彼女はみんなのアイドルだ。つまり、人気者だ。
(5) 意見がまとまった。では、次の議題に移ろう。

❷
(1) オ (2) カ (3) ア (4) イ (5) ウ (6) エ

解き方

❶ (1)は、順接。(2)は、逆接。(3)は、並立《へいりつ》・累加《るいか》。(4)は、説明・補足。(5)は、転換《てんかん》。

44 感動詞

❶
(1) こんにちは、 お変わり ないですか。
(2) おい、 少し 急ぐぞ。

❷
(1) イ (2) ウ (3) エ (4) ア

❸
(1) イ (2) ア

ここも大事!

❸ (1)ア「あの」は「電車に」を修飾《しゅうしょく》する連体詞、(2)イ「これ」は主語になれるから代名詞だよ。

45 確認問題5

❶
(1) イ (2) ウ (3) エ (4) ア (5) オ

❷
(1) 女の子 (2) 木の向こう側 (3) 茶色い建物

❸
(1) 閉める (2) のばす (3) 登りたい

❹
(1) イ (2) ア (3) イ

❺
(1) オ (2) エ (3) カ (4) ウ (5) イ (6) ア

解き方

❷ (1) 「白い服を着た女の子」でもよい。
(3) 「目の前の茶色い建物」でもよい。

2章 漢字

46 小学校3年生までに習った漢字

❶
(1) おくがい (2) うつ (3) びょうどう (4) はな (5) つごう (6) つか (7) ゆらい (8) ころ

❷
(1) 運命 (2) 開ける (3) 汽笛 (4) 曲げる (5) 太陽 (6) 全く

47 小学校4年生で習った漢字

①
(1) びんじょう (2) つら (3) むしん
(4) お (5) かんぱい (6) おさ
(7) さっしん (8) とな

②
(1) 着陸 (2) 果たす (3) 特別
(4) 改める (5) 栄養 (6) 香り

48 小学校5年生で習った漢字

①
(1) けっぱく (2) こ (3) おうふく
(4) ひき (5) よきょう (6) けわ
(7) じょうぎ (8) おさ

②
(1) 愛護 (2) 耕す (3) 複雑
(4) 設ける (5) 業績 (6) 営む

49 小学校6年生で習った漢字

①
(1) いよう (2) ちぢ (3) さんさく
(4) いた (5) はっぷん (6) おさ
(7) きちょう (8) す

②
(1) 映像 (2) 誤る (3) 参拝 (4) 疑う
(5) 裁断 (6) 暖まる

50 小学校で習った特別な読み

①
(1) かわら (2) たなばた (3) まいご
(4) けしき (5) めがね (6) やおや
(7) くだもの (8) まじめ

②
(1) みやぎ (2) おおさか
(3) かごしま (4) とっとり
(5) えひめ (6) ぎふ (7) おおいた
(8) しが (9) いばらき

51 中学校で習う読み（小学校で習った漢字）①

①
(1) すなお (2) すぐ (3) いんそつ
(4) あやつ (5) ぶんかつ (6) かえり

②
(1) 確認 (2) 訪れる (3) 迷路
(4) 試す (5) 一対 (6) 臨む

解き方
① (4) 「繰《く》る」と形が似ているので注意する。
② (6) 「望む」は「願う」という意味、「臨む」は「面する」という意味のときに使う。

52 中学校で習う読み（小学校で習った漢字）②

①
(1) なっとく (2) ととの (3) ちき
(4) そむ (5) しょうじん (6) すこ

②
(1) 我 (2) 厳か (3) 極秘 (4) 就く
(5) 強引 (6) 断つ

解き方
① (3) 「ちこ」と読む間違《まちが》いが多い。
② (2) 「厳か」は、送りがなにも注意する。

53 覚えておきたい一字漢字①

①
(1) なえ (2) かか (3) かんむり
(4) あお (5) え (6) つつし

②
(1) 腕 (2) 悩む (3) 柳 (4) 離れる
(5) 穂 (6) 忙しい

解き方
① (4) 「仰ぐ」は、「見上げる」という意味。
② (3) 「柳」の右側を「卬」としないように注意する。

54 覚えておきたい一字漢字②

①
(1) ゆか (2) つぐな (3) ほ
(4) おこた (5) うるし (6) もぐ

②
(1) 蛍 (2) 眺める (3) 涙
(4) 訴える (5) 壁 (6) 据わる

解き方
① (4) 「なまける」と読む場合は、「怠ける」と書く。
(5) 「漆」という木の樹液から作る黒色の塗料《とりょう》。
② (6) 「座る」としないように注意する。

55 覚えておきたい熟語①

1 (1) こうたく (2) きふく (3) てんぷ (4) しんく (5) かんたん (6) まんきつ

2 (1) 秩序 (2) 破裂 (3) 浪費 (4) 痛恨 (5) 抽象 (6) 冒険

解き方

1 (6) 「満喫」は、「心ゆくまで楽しむ」という意味。

2 (2) 「裂」は、「列」「烈」など形の似た字があるので注意する。

やりがちミス!

「探検」とは書くけど、「冒検」とは書かないよ。

「ぼうけん」→○「冒険」×「冒検」

56 覚えておきたい熟語②

1 (1) もほう (2) そぼく (3) ほんぽう (4) ふさい (5) しんぎ (6) ほうきゅう

2 (1) 授与 (2) 緩和 (3) 瞬間 (4) 砂漠 (5) 図鑑 (6) 覚悟

57 覚えておきたい熟語③

1 (1) りんり (2) にゅうわ (3) ひょうし (4) よれい (5) えんかつ (6) しゅうちゃく

2 (1) 塗装 (2) 棄権 (3) 削除 (4) 迷惑 (5) 帽子 (6) 悲惨

解き方

1 (1) 「倫(リン)」を「論(ロン)」と読まないように注意する。

(4) 「鈴」には、「リン」という音読みもある。

2 (2) 文の意味を考えて、「危険」と書かないように気をつける。

(4) 「惑」は、五画目のはらいを忘れないように。

58 確認問題6

1 (1) まいご (2) まじめ

2 (1) えひめ (2) おおいた (3) いばらき

3 (1) いんそつ (2) かえり (3) なっとく (4) すこ (5) なえ (6) かか (7) ほ (8) おこた (9) てんぷ (10) ほんぽう (11) にゅうわ (12) ひょうし

4 (1) 確認 (2) 試す (3) 強引 (4) 厳か (5) 柳 (6) 悩む (7) 涙 (8) 訴える (9) 秩序 (10) 痛恨 (11) 緩和 (12) 覚悟 (13) 棄権 (14) 迷惑

解き方

3 (10) 「奔放」は、「決まりやしきたりにとらわれずに自分の思う通りに振《ふ》る舞《ま》うこと」。

59 送りがなに注意する漢字①

1 (1) 危ない (2) 被る (3) 逆らう (4) 率いる (5) 直ちに (6) 敬う (7) 省く (8) 現す (9) 快い (10) 勇ましい (11) 志す (12) 確かめる

やりがちミス!

・こうむる ×被むる→○被る

・あらわす ×現わす→○現す

・こころよい ×快よい→○快い

・たしかめる ×確める→○確かめる

60 送りがなに注意する漢字②

1 (1) 試みる (2) 補う (3) 幸い (4) 尊い(貴い) (5) 反らす (6) 委ねる (7) 企てる (8) 幼い (9) 促す (10) 盛ん (11) 催す (12) 秘める

解き方

1 (2) 「補なう」としないように注意する。

61 特別な読み方

1
(1) しぐれ (2) かぜ (3) なだれ
(4) しにせ (5) すもう (6) たび
(7) ゆくえ (8) いなか (9) みやげ
(10) あずき (11) えがお (12) もめん

ここも大事!

「『雨』に関する特別な読み方」
「時雨《しぐれ》」の他にも、「梅雨《つゆ》」「五月雨《さみだれ》」は覚えておくといいよ。

62 複数の音読みがある漢字

1
(1) A べんり B ゆうびん
(2) A はつめい B ほっそく
(3) A こんきょ B しょうこ
(4) A おんがく B こうらく

2
(1) A 平易 B 貿易
(2) A 有益 B 有無

63 複数の訓読みがある漢字

1
(1) A この B す
(2) A そだ B はぐ
(3) A いちじる B あらわ
(4) A おそ B おく

2
(1) A 増える B 増す
(2) A 探す B 探る

64 複数の読み方がある熟語

1
(1) A シキシ B いろがみ
(2) A さむケ B カンキ
(3) A ブンベツ B フンベツ
(4) A モッカ B めした

2
(1) 音読み セイブツ 訓読み なまもの
(2) 音読み ケンブツ 訓読み みもの

65 同音異義語

1
(1) イ (2) ア (3) イ (4) ア

2
(1) A 機会 B 機械 C 器械
(2) A 称 B 照 C 象

解き方

1
(1) 「使命」は「果たさなければならない任務」、「指名」は「名前を指し示すこと」。
(2) 「開放」は「誰《だれ》でも自由に利用できるようにすること。開け放つこと」、「解放」は「解き放して自由にすること」。
(3) 「最新」は「最も新しいこと」、「細心」は「細かいところまで気を配ること」。
(4) 「会心」は「うまくいって心から満足すること」、「改心」は「悪かったと気づいて心を入れかえること」。

2
(2) 「対称」は「つり合っていること」、「対照」は「二つの違《ちが》いが際立っていること」、「対象」は「相手、目標」という意味で使い分ける。

66 同訓異字

1
(1) ア (2) ア (3) イ (4) イ

2
(1) A 熱 B 厚 C 暑
(2) A 量 B 計 C 図

解き方

1
(1) 「納税」、(2) 「備品・備蓄《びちく》」、(3) 「努力」、(4) 「勝敗」など、熟語で考える。

2
(2) 重さ・体積は「量る」、時間は「計る」、あることが実現するようにとりはからう場合は「図る」、と使い分ける。

ここも大事!

「『はかる』の同訓異字」
・身長を測る(長さ・高さ・深さを計測する)
・会議に諮る(意見を求める)
などもある。

67 間違えやすい漢字①

1 (1) A そくめん　B そくりょう
(2) A びみょう　B とくちょう
(3) A ふくしゅう　B ふくざつ
(4) A とほ　B じゅうじ

2 (1) A 録　B 縁
(2) A 輪　B 輸

解き方

1 (1) 「則」も音読みが同じで形が似た字なので使い分けに注意する。

68 間違えやすい漢字②

1 (1) イ　(2) ア
2 (1) 標　(2) 委　(3) 資
3 (1) エ　(2) ウ　(3) ア　(4) ウ

解き方

2 (1)は「氵」と「木」、(2)は「子」と「女」、(3)は「化」と「次」の部分が違《ちが》っている。

やりがちミス!

・「積」…「体積」「面積」「積雪」
・「績」…「成績」「業績」「実績」
形が似ていて混同しやすいので注意しよう。

69 確認問題7

1 (1) 率いる　(2) 快い　(3) 省く　(4) 委ねる　(5) 促す　(6) 補う
2 (1) えがお　(2) たび　(3) しぐれ　(4) ゆくえ
3 (1) A ゆうえき　B うむ
(2) A おく　B おそ
4 (1) A ケンブツ　B みもの
(2) A フンベツ　B ブンベツ
5 (1) A 対称　B 対象　C 対照
(2) A 厚い　B 暑い　C 熱い
6 (1) ア　(2) イ

70 筆順

1 (1) 二　(2) 三　(3) 二　(4) 二　(5) 五　(6) 四
2 (1) イ　(2) ア

71 漢字の画数

1 (1) 五　(2) 四　(3) 七　(4) 六　(5) 七　(6) 十二
2 (1) イ・カ　(2) ウ・キ　(3) エ・オ　(4) ア・ク(各順不同)
3 (1) イ　(2) ウ

解き方

1 (5) 「卵」の「𠂎」の部分は四画。
2 (3) 「級」の「及」の部分は三画。
(4) 「階」の「阝」の部分は三画、「比」の部分は四画。

72 漢字の部首①

1 (1) ③　(2) ⑥　(3) ②　(4) ⑤　(5) ①　(6) ⑦　(7) ④
2 (1) 心　(2) 宀　(3) 門　(4) 訁　(5) 刂　(6) 廴　(7) 广　(8) 口　(9) 忄

73 漢字の部首②

1 (1) エ　(2) イ　(3) キ　(4) ウ　(5) ク　(6) ア　(7) カ
2 (1) 回　(2) 体　(3) 起　(4) 都　(5) 照　(6) 店

ここも大事!

「『阝』の名前」

「阝」は、漢字の右側につくと「おおざと」(つくり)。左側につくと「こざとへん」(へん)になる。
・おおざと…郡・部・郵・郊
・こざとへん…防・限・院・陽・際

74 漢字の部首③

1 (1) ウ (2) イ (3) カ (4) ク (5) オ (6) エ (7) キ (8) ア

2 (1) 頁 (2) 木 (3) 辶 (4) 宀

解き方

2 (1)「頁」をつけると、「額」「願」「順」になる。

75 漢字の成り立ち①

1 (1) A (2) A (3) B (4) A (5) A (6) B (7) A (8) A

2 (1) 目 (2) 雨

3 (1) 下 (2) 本

解き方

3 (2)「本」は、木の根元に「一」の印をつけて「おおもと」を表したもので、形で表せないものを表現した指事文字。

76 漢字の成り立ち②

1 (1) 木 (2) 言 (3) 山・石 (4) 耳・又 (3)・(4) 各順不同)

2 (1) 鳴 (2) 男 (3) 信 (4) 孫 (5) 畑 (6) 炎

3 多・名・休(順不同)

解き方

3「多」は「夕」と「夕」を、「名」は「夕」と「口」を、「休」は「イ(人)」と「木」を、それぞれ組み合わせてできた会意文字。それ以外の「手」「川」「魚」「山」「雨」は、物の形をかたどった象形文字。

77 漢字の成り立ち③

1 (1) 交・コウ (2) 生・セイ (3) 青・セイ

2 (1) 日・寺 (2) 心・非

3 油・想・坂(順不同)

解き方

1 (1)「校」は「木」が意味を、「交」が「コウ」という音を表している。(2)「星」は「日」が意味を、「生」が「セイ」という音を表している。(3)「晴」は「日」が意味を、「青」が「セイ」という音を表している。

2 (1)「時」は「日」が意味、「寺」が「ジ」という音。(2)「悲」は「心」が意味、「非」が「ヒ」という音。

3「油」は、「氵」が意味、「由」が「ユ」という音。「想」は「心」が意味、「相」が「ソウ」という音。「坂」は「土」が意味、「反」が「ハン」という音。「油」「想」「坂」が形声文字。それ以外の「牛」「羽」「犬」「火」「竹」は、物の形をかたどった象形文字。

78 確認問題8

1 (1) 二 (2) 三 (3) 二 (4) 五

2 (1) 四 (2) 十二 (3) 五 (4) 九

3 (1) ウ (2) ア

4 (1) エ (2) オ (3) イ (4) ア

5 (1) 宀 (2) 頁 (3) 辶 (4) 木

6 (1) A (2) A (3) B (4) B

7 (1) 信 (2) 想 (3) 岩 (4) 校

8 会意文字 計・休 形声文字 持・星(各順不同)

79 二字熟語の構成①

1 (1) ⑥ (2) ③ (3) ① (4) ⑦ (5) ② (6) ⑤ (7) ④

2 (1) イ (2) ウ (3) イ

解き方

1 (6)「国が立てる」で、主語・述語の関係になっている。

ここも大事!

「接頭語・接尾語《せつびご》」

・打ち消しの接頭語には、「不」「無」「未」「非」などがある。例「不安」「無限」「未知」「非常」

・下につく接尾語には、「性」「然」「的」「化」などがある。例「天性」「整然」「動的」「悪化」

80 二字熟語の構成②

1 (1) エ (2) ウ (3) イ (4) オ (5) ア

2 (1) 減 (2) 降 (3) 創

3 (1) 裏 (2) 従 (3) 貧

解き方

2 (3)「創」「造」は、どちらも「つくる」という意味。

3 (2)「主(支配する)」↔「従(したがう)」という関係。

81 二字熟語の構成③

1 (1) 無 (2) 非 (3) 不 (4) 未

2 (1) ① 最 ② 問 (2) ① 断 ② 国

3 (1) ア (2) ウ (3) エ (4) イ (5) イ

解き方

3 (3) エ「道路」は、似た意味の字を重ねた熟語、他は、主語・述語の関係の熟語。

82 三字熟語

1 (1) ② (2) ③ (3) ① (4) ① (5) ③ (6) ②

2 (1) 新 (2) 住 (3) 性 (4) 金 (5) 準 (6) 不

83 四字熟語①

1 (1) ④ (2) ③ (3) ① (4) ⑥ (5) ② (6) ⑤

2 (1) 北 (2) 風

解き方

1 (4)「せつげっか」と読む。(5)は「化」が接尾語、(6)は「無」が接頭語。

84 四字熟語②

1 (1) 正大 (2) 悪戦

2 有名無実・自問自答（順不同）

3 (1) エ (2) イ (3) ア

解き方

1 (1)「公明」は「公平で不正などがないこと」、「正大」は「言行が正しくて堂々としている様子」。

2 「有名無実」は「名ばかりで実質が伴わないこと」。

やりがちミス！

(いみしんちょう)
×意味慎重 → ○意味深長

(ごんごどうだん)
×言語同断 → ○言語道断

(いくどうおん)
×異句同音 → ○異口同音

85 確認問題9

1 (1) イ (2) キ (3) エ (4) オ (5) ア (6) カ (7) ア (8) ウ

2 (1) 寒 (2) 悪

3 (1) イ (2) エ

4 (1) 準 (2) 食 (3) 無 (4) 的

5 (1) 無欠 (2) 自由

6 質疑応答・有名無実（順不同）

86 慣用句①

1 (1) ア (2) ア

2 (1) 顔 (2) 耳 (3) 手

87 慣用句②

1 (1) エ (2) ウ (3) ア

2 (1) ウ (2) イ (3) ア (4) エ

3 (1) イ (2) ウ

やりがちミス！

「気が置けない」を逆の意味にとらえないように注意しよう。
○ 気を遣《つか》う必要がない。
× 気を許せない。

88 ことわざ①

1 (1) エ (2) イ (3) ア (4) ウ

2 (1) ウ (2) エ (3) ア (4) イ

解き方

1 (4) 「二階から目薬」は、「もどかしいこと」。

89 ことわざ②

1 (1) 木 (2) 地 (3) 水 (4) 種

2 (1) 蜂・イ (2) 雨だれ・エ (3) さび・ア (4) わら・ウ

ここも大事！

「似た意味のことわざ」

「上手の手から水が漏《も》れる」とは、「どんな名人でも失敗することがある」という意味。これと似た意味のことわざに、「猿《さる》も木から落ちる」「河童《かっぱ》の川流れ」「弘法《こうぼう》にも筆の誤り」がある。

90 故事成語①

1 (1) 雪 (2) 故 (3) 石

91 故事成語②

1 (1) ウ (2) ア (3) イ

2 (1) 四 (2) 一 (3) 三

3 (1) ○ (2) ○ (3) ×

解き方

2 (3) 「朝三暮四」は、猿《さる》にとちの実を朝に三つ夕方に四つやろうと言うと怒《おこ》ったので、朝に四つ夕方に三つやろうと言うと喜んだ、という故事から。

3 (1) 「登竜門」は、「そこをこえれば成功するという、大切な試験や難しい関門」。
(2) 「蛇足」は、「必要のないもの。あってもじゃまになるもの」。
(3) 「水魚の交わり」は、「水と魚のような、はなれることができない親しいつきあい」。

92 対義語①

1 (1) 少 (2) 入 (3) 重 (4) 復 (5) 私 (6) 減

2 (1) イ (2) エ (3) ア

93 対義語②

1 (1) オ (2) キ (3) イ (4) ク (5) ア (6) エ

2 (1) 肉 (2) 客 (3) 直 (4) 積 (5) 必 (6) 否

3 (1) 消 (2) 給 (3) 始 (4) 禁 (5) 支 (6) 容

解き方

2 (2) 「主観」は「自分だけの考えや感じ方」、「客観」は「自分以外にもあてはまる考えや感じ方」。

94 類義語①

1 (1) エ (2) ア (3) イ (4) ウ

2 (1) ウ (2) ア (3) イ (4) エ

解き方

2 (1)「失意」は「思いどおりにならず、がっかりすること」、(2)「進歩」は「物事がよい方向へ進んでいくこと」、(3)「祖国」は「自分が生まれた国」、(4)「消息」は「便り・知らせ」。

95 類義語②

1 (1) 命 (2) 料 (3) 改

2 (1) 意 (2) 遠 (3) 気 (4) 事 (5) 計 (6) 労

3 (1) 関 (2) 手 (3) 世 (4) 準 (5) 無 (6) 不

ここも大事!

「その他の『類義語』」

価格＝値段　帰郷＝帰省　気質＝性格
機能＝性能　経験＝体験　原因＝理由
健康＝健全　好調＝順調　使命＝任務
進歩＝発展　特色＝特徴《とくちょう》　突然《とつぜん》＝不意
など、主なものを覚えておくといいよ!

96 確認問題10

1 (1) 顔　(2) 鼻　(3) 首
2 (1) エ　(2) イ　(3) ウ
3 (1) ウ　(2) イ　(3) ア　(4) エ
4 (1) 故　(2) 石
5 (1) 禁止　(2) 客観　(3) 積極　(4) 開始
6 (1) ア　(2) エ　(3) イ　(4) ウ

97 まとめテスト①

1
(1) 私と／姉は／母を／手伝った。
(2) 全員で／合唱の／練習を／する。
(3) ばらの／花束が／きれいだ。
(4) ベンチ｜の｜前｜に｜池｜が｜ある。
(5) 近く｜の｜学校｜の｜文化祭｜へ｜行く。
(6) 友達｜に｜誕生日｜の｜プレゼント｜を｜渡す。

2
(1) 主語　ビルが　述語　完成する
(2) 主語　ごみが　述語　ない
(3) 主語　言葉が　述語　響く

3 (1) エ　(2) オ　(3) ア　(4) ウ　(5) イ

4
(1) 楽しい｜一日｜を｜過ごす。
〔自〕〔自〕〔付〕〔自〕
(2) 難しい｜パズル｜に｜挑戦する。
〔自〕〔自〕〔付〕〔自〕

5 ① エ　② カ　③ コ　④ ウ　⑤ ア　⑥ ケ　⑦ キ　⑧ ク　⑨ オ　⑩ イ

解き方

5 ②「あらゆる」は「物を」を修飾《しゅうしょく》する連体詞。④「不

安定な」は言い切りの形が「不安定だ」なので、形容動詞。⑨「まるで」は、「みたい」「ような」があとにくる「呼応の副詞」。

98 まとめテスト②

1 (1) ゆか　(2) あお　(3) そぼく　(4) こころざ
2 (1) 腕　(2) 眺める　(3) 冒険　(4) 試みる
3 (1) みやげ　(2) いなか
4 (1) A 根拠　B 証拠　(2) A 探す　B 探る
5 (1) ア　(2) ア
6 (1) 標　(2) 録
7 (1) 四　(2) 七
8 (1) 客　(2) 庫　(3) 固　(4) 煮
9 会意文字　孫・男
形声文字　晴・悲(各順不同)

解き方

2 (4)「試る」「試ろみる」としないよう、送りがなに注意する。
5 (2)「備える」は「準備する」、「供える」は「物をささげる」という意味。
9 会意文字は76、形声文字は77を参照。他に「象形文字」「指事文字」も覚えておこう。

99 まとめテスト③

1 (1) ウ　(2) エ
2 (1) 性　(2) 無　(3) 化　(4) 非
3 (1) 正大　(2) 自問
4 (1) イ　(2) ウ
5 (1) 水　(2) 地
6 (1) 四　(2) 百
7 (1) ア　(2) エ
8 (1) 必　(2) 消　(3) 永　(4) 手

解き方

1 (1)「強弱」「善悪」は、反対の意味の字を重ねた熟語。